서로 손잡는 지역문화운동

서로 손잡는
지역문화운동

지역문화원의 새로운 연결을 위하여

경기도문화원연합회 엮음

삶창

웹진 『경기문화저널』의 기획기사와 특별 기고, 보론 등을 엮어 단행본으로 발간하게 되었습니다. 2018년 『경기문화저널』 기사를 엮어 발행한 『로컬 지향의 지역문화운동』은 다소 논쟁적이고 도발적인 질문을 통해 지역문화원의 향후 방향을 모색하는 단초를 찾고자 출간된 단행본이었습니다. 당시 문제의식의 초점이 모호하기도 했고, 사유가 깊지 못한 측면도 있었지만 몇 가지 개념을 정립함으로써 지역문화원이 당면한 과제를 명확히 볼 수 있지 않았나 생각합니다.

그 바탕 위에 이 책은 '지역문화원 발전방향 포럼'에서 제시된 '플랫폼으로의 전환'이라는 과제를 구체적으로 어떻게 실현할 수 있을지 방법을 찾고, 현장에서 추진되고 있는 다양한 사례가 지역문화원에 어떤 시사점을 던져줄 수 있는지 함께 고민하고자 발간하게 되었습니다.

경기도문화원연합회는 지역 중심적 사고가 절실히 요구되는 흐름 속에서 '지역(로컬)', 그리고 '커뮤니티'가 우리 사회의 유일한 희망이라는 도발적인 제안을 하고자 합니다. 그 제안을 더 구체화하기 위해 '협력', '연결' 그리고 '지역 탐구를 위한 방법론' 등 크게 세 가지 주제에 대해 문화원 내외부 필진들의 의견을 모았습니다.

'협력'은 비커밍콜렉티브 김정이 대표가 말한 것처럼 '되어가는 기획자'가 되지 않으면 어렵습니다. 우리 모두 미생인 존재임을 인정하고 함께 공진화하고자 노력하는 지점에서 협력의 가능성이 열립니다.

예술가와 지역 주민과의 '연결'을 위해서는 고영직 편집위원장의 말처럼 'n분의 1 정치학이 구현되는 장으로서의 지역'에 대한 고민이 필요합니다. 지역에선 이미 다양한 문화적 요구가 존재합니다. 그 다양성은 개별성의 존중에서 출발합니다. 즉 사람과 사람의 연결이 적재적소에 이루어지기 위해서는 괜찮은 사례를 따라가거나 효율적인 방식만 추구하던 기존의 태도에 대한 근본적인 반성이 필요합니다.

이제 지역문화원은 당장의 효율성과 성과를 잠시 내려놓고 길고 깊게 관계하고 연결할 수 있는 지속가능한 시도를 고민해야 할 시점입니다. 이 지점에서 문화원은 활용할 수 있는 자원을 찾기에 앞서 누군가의 자원이 될 수 있는가 질문할 수 있어야 합니다.

'지역 탐구'는 문화원의 가장 큰 무기가 될 수 있습니다. 하지만 관성적이고, 활용 단계까지 고려하지 못한 지역 탐구는 문화원을 자폐적이고 고립되게 만들기도 합니다. 향토사 연구, 구술, 지명 연구 등의 의미와 목적, 방법에 대해 살핀 전고필 이목구심서 대표와의 대담을 진행하면서 결국 문화원이 지역을 탐구하는 목적은 살아 있는 민속을 아카이브하는 데 있다는 것을 다시한번 상기하게 됩니다.

지역에서 여전히 '예술' 따로 '지역문화' 따로 '생활문화' 따로 영역을 나누는 현실을 보면 아직도 지역의 시간대가 캄캄한 어둠인 것 같지만 지역문화원의 개방형 플랫폼으로의 전환이라는 과제는 아직 유효합니다. 어둠 속에서 협력의 수준을 실험하는 노력을 통해 '협력의 경험'이 쌓여야 합니다. 고영직 편집위원장은 '사람과 사람을 잇는 힘을 위하여'에서 이바라기 노리코의 시를 통해 진정한 협력과 연결을 위해 필요한 것이 무엇인지 말합니다. 사람과 사람을 잇는 힘은 인간을 효용이 아니라 존엄의 대상으로 여길 때 비로소 생겨납니다. 그 아름다운 힘이 지역문화의 협력과 연결을 가능하게 합니다. 때문에 앞서 언급한 '지역(로컬)' 그리고 '커뮤니티'가 우리 사회의 유일한 희망이 될 수 있다고 제안한 이유입니다.

지역에 대해 진지하게 고민하고, 성실하게 활동하느라 바쁜

와중에도 문화원에 대한 애정 어린 생각을 글로 나누어주신 필진들에게 깊은 감사를 드립니다. 이 책이 지역문화원의 발전과 지역문화의 발전을 위한 작은 밑거름이 되기를 진심으로 바랍니다.

2020년 1월

경기도문화원연합회장 **염상덕**

차례

4   여는 글

{ 1부 }   '서로 손잡기'는 예술이다

13   우리에게는 서로가 필요하다 ——고영직
23   [대담] 지역문화진흥원에서 지역문화원을 말하다 ——김영현 · 유상진 · 최영주
40   "웬 협력? 니들이나 잘하세요!" ——이동준
51   '나무들의 우정'을 생각한다 ——손경년
     : 지역문화재단과 지역문화원 어떻게 손을 잡을까?
58   [그림자 집담회 : 협력의 빛과 그림자]
     "그럼에도 불구하고 좋은 협력을 꿈꾼다" ——임재춘
69   맞잡은 손의 따뜻함과 평등의 발견 ——김풍기
77   [보론] 지역문화 행정기구는 새로운 거버넌스일 수 있는가? ——김상철

{ 2부 }   사람과 사람을 잇는 힘

97   욕망하는 기획자—세상을 보는 기획의 시선 ——김정이
105 [대담] 지역의 수요에 맞는 인재를 길러내는 법 ——김월식 · 임재춘
     : 청년 기획자, 외부 아웃소싱, 예술가 연결하기
114 돌연변이, 진화 그리고 문화원 ——심한기
124 '동네 지식인'의 탄생 ——이동준
139 사람과 사람을 잇는 힘을 위하여 ——고영직

{ 3부 } 문화원은 무엇을 위해 지역을 탐구하나?

149   **마을 기록과 구술사, 그리고 지역문화원의 역할** ── 윤충로

160   **[대담] 살아 있는 민속을 '아카이브' 하기 위하여** ── 전고필·오다예

179   **사라진 길 위에서 기억을 깨우다** ── 최서영

193   **지역문화 정체성과 아카이브 구축** ── 한기홍

202   **지역문화의 압축파일을 푸는 지명 유래** ── 임재해

215   **새로운 경기도의 노래를 만나다** ── 서정민갑

'서로 손잡기'는 예술이다

"세상의 힘에 맞서는 진짜 힘은
'협력의 의례' 내지는
'의례적 연대'에 있다고 주장한 사회학자
리처드 세넷(Richard Sennett)의 주장은
지역의 문화원을 비롯한 문화예술 판에서 구축하려는
네트워크 형성의 원칙이 되어야 한다.
리처드 세넷은 진정한 협력의 모델은
일종의 '공동 작업장 모델'에 있다고 말한다.
각 지역에 있는 문화원들이 일종의
오픈 플랫폼이 되어 하나의 작업장 모델처럼
협력의 의례 내지는 의례적 협력을 형성하고 강화한다면
아주 희망이 없는 것은 아니다."

고영직, 「우리에게는 서로가 필요하다」 중

우리에게는
서로가 필요하다

·········· 고영직 문학평론가

협력은 어렵다. 협력은 좋은 것이라고 권장되고 재촉되지만, 협력하는 일은 몹시 괴롭다. 협력은 왜 어려운가. 사람 마음이 모두 내 마음 같지 않기 때문이다. 그래서 협력을 촉진하는 규칙 혹은 의례를 정하고 제대로 잘 지켜가는 지속적인 과정이 필요하다. 그렇지 않으면 인간의 탐욕과 이기심에 의한 이른바 '공유의 비극' 현상은 어찌할 수 없다. 정부/지방정부 기관과의 협치는 말할 것도 없고, 지역의 문화원과 예술가 또는 지역 주민들과의 협력 또한 갈수록 '지속적인' 추진력을 얻지 못하고 중도에 좌초되고 마는 최근의 현상은 무엇을 말하는가.

영국 이스트 런던 대학(University of East London) 정치경제학과 교수이자 2001년부터 웹 저널 『공통인(The Commoner)』의 편집자로 활동하고 있는 마시모 데 안젤리스(Massimo de Angelis)는 『역사의 시

13

작』에서 "협치의 주요 문제는 상충하는 이해관계들의 조정과 절합(節合)이지, 그 과정의 외부에 있는 목표의 성취가 아니다"라고 말한다. 이 말은 협치/협력을 제대로 이해할 수 있는 하나의 참조점이 된다. 위 주장처럼 협치는 상충하는 이해관계들을 조정하고 절합하기 위해 '규칙의 정의'를 내리는 일이다. 다시 말해 '규칙에 관한 게임'인지, '규칙 아래에 있는 게임'인지 제대로 파악해야 한다.

협력을 위한 '평상' 하나 놓자

지역에서 문화원이 외부의 예술가(단체) 및 지역 주민들과의 원활한 협력적 관계를 형성하기 위해서는 '규칙의 정의'를 내리는 것이 중요하다. 비유적으로 말하자면 협력을 위한 '평상(平床)'을 하나 놓는 것이 필요하다. 여기서 말하는 평상의 원리는 어느 누구도 어느 누구보다 높지 않고, 어느 누구도 어느 누구보다 낮지 않다는 점을 일상적으로 실천하는 'n분의 1'의 정치학이 구현되는 장(場, feild)이다. 협치/협력에 관한 이러한 정의는 공유지의 비극이 심화되고 있고, 이른바 '소유자 사회(ownership society)'를 넘어 지역의 회복력을 어떻게 복원할 것인가 하는 측면에서 중요하다. 한마디로 말해 공유(共有)의 가치가 더 중요해졌기 때문이다. '공유인(commoner)' 되기의 상상력과 실천이야말로 소유자 사회를 넘어 지역의 회복력을 높이는 유일한 방법이 될 수 있다

14

는 점을 생각해야 한다. '로컬(local)'과 '커뮤니티(community)'야말로 우리 사회의 유일한 희망일 수 있기 때문이다.

이 점에서 지역의 문화원은 지역 예술가(단체) 및 지역 주민들과 다양한 협력 모델들을 만들어야 한다. 그래야 우리 사는 지역(사회)을 보호할 수 있다. 여기서 사회를 보호하기 위해 필요한 것은 환원주의자의 과학도 아니고 결정주의자의 경제학도 아닌, 공유인 되기의 상상력과 실천이다. 공유인은 영원한 성장이라는 우리 시대의 주술을 넘어 '탈성장' 시대의 문화적 문법을 새로이 대비하면서 지역공동체와 상호부조의 가치를 재발견함으로써 회복의 경제학과 행복의 경제학을 추구하는 존재라고 할 수 있다.

원래 '공유인'은 사전적으로는 중세 봉건시대 영국에서 서민과 평민을 뜻하는 말이었다. 그런데 공유인이라는 말을 주체적이고 높은 지성을 갖춘 새로운 인간으로 전유하고자 한 논자는 공유경제학자 데이비드 볼리어(David Bollier)이다. 데이비드 볼리어는 『공유인으로 사고하라』(갈무리, 2015)에서 잊힌 공유재(commons)의 역사를 추적하며, 인간은 기본적으로 협력하는 사회적 존재라는 점을 입증한다. 공유인에 대한 데이비드 볼리어의 이와 같은 정의는 개인은 자신의 이익을 최대화한다는 전제에서 출발한 호모 에코노미쿠스(homo economicus)적 인간관과는 전혀 다르다. '토지, 노동, 화폐는 상품이 될 수 없다'고 한 경제인류학자 칼 폴라니(Karl Polanyi)의 주장이 근대의 호모 에코노미쿠스들이 주도하는 자본주의의 가공할 '상품화' 경향 앞에서 속절없이 무

옥천 어머니학교 ⓒ권단

1부 '서로 손잡기'는 예술이다

너져온 자본주의의 역사를 생각해보라.

결국, 내가 사는 지역에서 공유인 되기를 실천하려는 협력의 과정이 요청된다. 현대판 인클로저(enclosure)는 중세 시대의 돌담과 울타리 대신, 국제 통상 조약, 재산법, 느슨한 규제, 기업의 자산 매입을 통해 지금도 계속 달성되고 있다. 물질적/비물질적 대상으로서 공유재를 보존하고 함께 공유할 수 있을 때 지역의 회복력이 높아질 수 있다. 이 점에서 세상의 힘에 맞서는 진짜 힘은 '협력의 의례' 내지는 '의례적 연대'에 있다고 주장한 사회학자 리처드 세넷(Richard Sennett)의 주장은 지역의 문화원을 비롯한 문화예술 판에서 구축하려는 네트워크 형성의 원칙이 되어야 한다. 리처드 세넷은 진정한 협력의 모델은 일종의 '공동 작업장 모델'에 있다고 말한다. 각 지역에 있는 문화원들이 일종의 개방형 플랫폼이 되어 하나의 작업장 모델처럼 협력의 의례 내지는 의례적 협력을 형성하고 강화한다면 아주 희망이 없는 것은 아니다.

'공론장' 구축한 옥천의 실험은 현재진행형

현실은 여전히 만만치 않다. 공유의 문제를 다루는 영향력 있는 세 모델, 다시 말해 공유재의 비극, 죄수의 딜레마 게임, 집합행동의 논리 같은 세 모델을 언급하지 않더라도 우리 사는 지역에서 풀어야 할 과제는 많다. 문제는 '시장' 주도 사유화 아니면

옥천 청소년 언론학교　　　　　　　　　ⓒ권단

'커뮤니티 저널리즘'을 지향하며 2019년 창간 30주년을 맞은 『옥천신문』

1부 '서로 손잡기'는 예술이다

'국가' 주도 중앙집권화라는 이분법에서 벗어나려는 시도들이 더 많아져야 하고, 저마다의 사례를 만들어가는 것이다. 쉬운 일은 아니다. 시장과 국가가 주도하는 '체계'의 힘은 언제나 항상 로컬을 기반으로 한 '관계'의 힘보다 압도적으로 크게 작동하기 때문이다. 그러나 아주 비관적인 것은 아니다. 충북 옥천군에서 '커뮤니티 저널리즘'을 지향하며 2019년 창간 30주년을 맞은 『옥천신문』을 중심으로 지역에서 탄탄한 공론장을 형성하고 군청이라는 체계의 힘에 저항하며 자치의 힘을 기르고 있는 옥천의 경험은 그래서 소중하다.『옥천신문』 황민호 제작실장은 필자와의 대담(2019. 6. 30.)에서 "체계의 제도를 어떻게 생활세계로 끌어내리고, 생활세계 안에서 제도를 움직이게 할 것인가가 큰 관건이 된다"고 말한다.

실제 충북 옥천군 안남면은 주교종 선생이 주도하는 지역 농민회를 중심으로 언론사와 지역 주민들이 마음을 모으고, 협력의 규칙을 스스로 정하고 지키며, 면(面) 단위에 '배바우작은도서관'을 짓고 스스로 운영한다. 최근에는 5년의 준비 끝에 100% 옥천에서 나고 가공한 지역 농산물 판매장인 '옥천로컬푸드직매장'을 오픈(2019. 5. 30.)함으로써 지역의 뜨거운 관심을 모으고 있다. 황 실장은 "처음 안남면에서 촉발된 이러한 흐름들이 이웃한 안내면으로, 그리고 지역의 중심지인 옥천읍으로 점점 번지고 스며들고 있다"고 말한다. 최근에는 대전에서 활동해온 문화 활동가들이 옥천역 앞에 문화공간 '둠벙'을 조성해 다양한 문화예술 활동을 하며, 인구 5만 명 규모의 군(郡) 지역에서 월간지

19

100% 옥천에서 나고 가공한 지역 농산물 판매장인 '옥천로컬푸드직매장' ⓒ권난

1부 '서로 손잡기'는 예술이다

『옥이네』를 발행하는 등 지역의 사람들과 밀착된 활동들을 적극 수행한다. 쉽게 말해 행정에 의해 박제된 공공성이 아니라, 우리 마음속에 있는 공동체적 감수성을 되살려 '관계'에 의한 공공성을 강화하는 문화자치의 꿈을 키우고 있는 것이다. 이러한 경험이 더 축적되고 강화된다면 행정 관청은 예산만 지원해주고, 실제 일은 마을 주민들이 서로 마음을 모아 하는 시스템으로 전환해 지역 주민들이 주체가 되는 날도 머지않았다고 할 수 있으리라.

갈등은 언제나 항상 상존할 수 있다. 여기서 전통적인 히말라야 라다크(Ladakh) 사회에서 사람들이 갈등을 피해갈 수 있게 하는 하나의 장치로써 이른바 '자발적 중재자'라는 규칙을 정해 운영하는 점을 참조할 수 있다. 양자 사이에 어떤 형태로든 의견 차이가 생기면 제3자가 거기서 조정 역할을 하게 한다는 것이다. 오래 전에 읽은 헬레나 노르베리 호지(Helena Norberg-Hodge)가 쓴 『오래된 미래』(중앙북스, 2015)에서 "갈등보다는 평화를 유지해야 한다는 생각이 뿌리 깊게 박혀 있는 이들은 자연스럽게 제3자의 중재를 따르게 되는 것이다"라는 문장에 픽 감동했다. 어쩌면 갈수록 '나만 아니면 돼'라며 각자도생의 생존 매뉴얼이 숭배되는 우리 사회의 모습이 겹쳐 보여서일 것이다. 그런 사회에서는 더 이상 희망이 없다.

결국, 공유지의 훼손을 막기 위한 공유인 되기의 문화적 과정이 그 어느 때보다 절실하다. 협력을 위한 규칙이 일종의 관습법으로 작동하는 히말라야 라다크 전통사회는 협력을 위한 평상을 놓았다고 간주할 수 있으리라. 우리에게는 서로가 필요하다.
우리 사는 지역에 협치/협력을 위한 '평상' 하나 놓아야 한다.

지역문화진흥원에서
지역문화원을 말하다

대
담

•••• **때**
2019년 6월 18일
•••• **곳**
지역문화진흥원
•••• **대담자**
김영현(지역문화진흥원장)
•••• **패널**
유상진(지역문화진흥원 문화사업부장)
최영주(경기도문화원연합회 사무처장)

'지방문화원인가, 지역문화원인가'라는 물음을 던졌으나 합의된 결론을 도출하지는 못했다. 문화원은 항상 지역을 말한다. 그러나 그 지역의 '무엇'을 말하고 있는가라는 점에 질문을 던질 필요가 있다. 지역문화원은 지역에서 어떤 역할을 하고 있는가에 대한 비판적 성찰이 필요하다. 새로 취임한 김영현 지역문화진흥원장을 비롯하여 진흥원 직원들과 문화정책, 그리고 지역문화에 대해 공유하는 시간을 가졌다. ⟨**편집자 주**⟩

23

지역문화진흥원에서 지역문화원을 말하다

유상진　결론부터 말하자면 문화원의 역할은 재조정되어야 할 필요가 있다고 생각한다. 지방문화원은 70년대에 설립되었고, 당시 민족문화 창달이라는 문화정책의 목표 수행을 위해 설립된 기관이 문화원이었다. 때문에 당시 향토문화가 강조되었다. 80년대는 예술정책으로 변화, 90년대 사회, 국민의 문화생활이라는 기조로 변화되었다. 때문에 '민족문화창달'이라는 문화원의 정체성에서 벗어나 현재 흐름에 맞는 역할 모색이 필요하다.

전통, 민족문화 관련 사업을 담당하는 부문이 필요한 것은 사실이지만, 현재 삶에 집중할 필요가 있다. 과거에 집착하지 말고 현재적 요구를 과감히 수용할 필요가 있는데 겉으로 보기에 그 역할에 대해서는 적극적이지 않은 것 같다.

최영주　그동안 향토문화, 전통 관련 사업에 문화원이라는 프레임이 존재했던 것이 사실이다. 그리고 실제로 문화원이 잘할 수 있는 것을 특화시켜야 한다는 요구가 있던 것도 사실이다. 문화원이 변화된 시대에 맞춰 추가적인 사회적 기능을 담당해야 한다면 구체적으로 어떤 기능일까?

유상진　향토문화, 전통문화에 치중되어 있는 것 같은 이미지가 문제이지 그것은 당연히 지방문화원이 수행해야 한다. 다만

한걸음 더 나아가 주민공동체 회복, 일상적 문화 활동에 대한 부분도 지역의 문화원이 담당해줘야 한다고 생각한다. 지역문화진흥원 입장에서는 지방문화원은 작은 문화재단과 같다. 지역의 요구와 문화적 수요, 실태조사 등을 포함한 지역의 현황은 현재 문화원이 가장 잘 파악하고 있다고 생각한다. 기초 단위 문화재단이 설립되어가고 있지만 그렇지 못한 지역은 역시 문화원이 지역문화의 중심에서 자기 역할을 해나가야 하지 않을까.

최영주 지역문화진흥원과 문화원의 협력 사업은 무엇이 있나?

유상진 현재는 '생활문화 동호회 활성화' 사업이 있다. 지방문화원에 직접 개별 지원하고 있다. 그리고 '문화가 있는 날' 사업도 함께하고 있다. 지방문화원은 향토문화 중심의 기획을 가지고 각각 지역의 특색을 반영한 사업을 추진하고 있다.

최영주 문화원에 사업을 지원하면서 진흥원 입장에서 어떤 평가를 내릴 수 있을까?

김영현 일단 인력 면에서 여력이 없어 보인다. 보통 지방문화원은 국장, 직원 포함 2명 정도로 사업을 추진하고 있다. 지역문화 진흥을 위한 의지, 사명감은 대단히 높아 보이지만 인력 구조 면에서 지원이 없어 많이 힘겨워하는 것 같다. 하지만 사업 추진 결과 지역 내 평가가 좋은 경우 지자체에서 계속 사업으로 전환하는 경우가 많다. 대단히 긍정적으로 생각하는 부분이다.

유상진 문화원과 문화의집의 차이에 대한 고민도 하고 있다. 90년대 문화의집 설립 당시의 역할과 방향이 있으나 각 기관별 역할에 대한 고민을 지역 차원에서 잘 정리했으면 좋겠다는 바람이 있다.

문제의식을 확장해서 지자체, 문화재단, 문화원, 문화의집의 역할에 대한 고민을 한 적도 있는데, 문화원의 경우 지역공동체 문화 기반을 만들어내는 데 집중해야 하지 않을까 하는 이야기가 있었다. 지자체는 법, 조례, 제도적 지원, 예산 확보를 담당하며 문화재단과 시민들의 협업 구조 마련에 집중할 필요가 있고, 문화원은 문화의집과 따로 구별하지 않고 지역문화 현장의 최전선에 있는 단체라는 역할 구분을 생각할 수 있지 않을까. 또한 지방문화원은 앞서 말씀드린 것처럼 전통, 향토문화를 넘어서 문화예술교육, 생활문화 등 일상적 문화에 대한 사업을 중심으로 한 시민문화 기반을 만들어내는 일에 집중했으면 좋겠다는 바람도 있다.

김영현 문화원에 대한 얘기를 할 때 보통 부정적으로, 노쇠했다, 늙었다, 변해야 한다는 말은 많이 한다. 또 한 축으로는 향토문화, 지역문화 중심으로 가야 한다는 말도 많이 한다. 그런데 역으로 생각해서 문화원이 가지고 있는 것은 뭐지? 생각해 보면 굉장히 많은 시간의 축적물이 있다. 그것을 버리고 새로운 트렌드를 반영해야 하는가 생각하면 고민되는 지점이 있다. 그런 사고로 접근하게 되면 이른바 경쟁 구도로 갈 수밖에 없는 한계가 있다. 때문에 '내가 무엇을 가지고 있는가'에서 출발해야 다른 지점이 보인다고 생각한다.

지방문화원은 역사, 전통, 향토만 가지고 사업을 풀어내니까 고루하고 진부하다고 생각하는 경향이 있는데 조금 다르게 생각해볼 필요가 있다. 현재 시대적 요구가 무엇인가 생각해보자. 지금 한국은 노년 시대, 초고령사회가 되었는데 그동안 문화원이 추진해왔던 것들을 자원으로 활용할 수 있지 않을까 하는 고민이 필요하다. 문화다양성 차원에서도 노년 세대는 그냥 나이 든 세대라는 개념을 넘어, 신노년, 신중년 세대 등 세대 다양성에 대한 얘기를 많이 하고 있는데, 이제 그들의 역할이 굉장히 중요해졌다. 사회복지 영역에서 주로 노인복지관에서 그 담론을 소화해서 사업화시켜나가고 있다. 그런데 그것은 이미 문화원에서 다 해왔던 일이다.

즉 '실버문화학교'를 통해 실버 세대들의 문화적 욕구를 충족시키고 다음 단계로 동아리 과정을 통해 문화적 네트워크 형성의 틀을 만들어 실버 세대들이 문화를 통한 사회적 기능을 담당하는 단계까지 이미 진행해왔지 않은가.

이제는 문화원에서 해왔던 것들은 전통이나 역사 속에서만 찾으려 하지 말고, 과거와 현재가 축적되어 미래를 만들어가듯이 과거와 현재를 결합시켜 미래를 준비하는 과정이 필요하다. 과거의 전통문화는 당시의 생활문화라는 관점을 이야기하는데 당시의 생활문화가 가진 현재성을 지금으로 소환하는 것에 머무는 것이 아니라 현재의 문화를 미래로 가져가기 위한 것들을 고민해야 하는 시점이다.

이제 지역문화원 차원에서 '문화'에 대해 새롭게 해석하고 방향을 정립해야 할 시기가 되었다고 생각한다. 새로운 정의가 필요하다. 지역문화를 어떻게 바라봐야 하고 그것을 발전시키기 위해 지역문화원은 어떤 방향을 설정해야 하는가에 대해 깊이 고민해야 한다. 이것은 새로운 트렌드를 쫓아가는 데 급급해하지 말고 과거-현재-미래라는 큰 그림 안에서 기존의 것을 버리는 것이 아닌 현재적 삶을 통해 지역의 문화정체성을 만들어가는 것이 지역 문화원의 역할이 아닐까 한다. 이것이 시대의 요구이기도 하다.

지금 사회안전망을 문화안전망으로 전환해야 한다는 얘기를 많이 하고 있지만, 문화원이 지역 내 촘촘한 전달망으로서의 역할에 가장 유리한 입장에 있다고 생각한다. 왜냐하면 전국 네트워크를 가지고 있는 것은 현재 문화원밖에 없기 때문이다. 이렇게 되면 지방문화원이 지역문화의 어른 역할을 자임하는 것이 가능할 것이다. 그리고 현재 지역문화진흥법에 지역협의체를 만들도록 해야 하는데, 그 구성에 문화원이 중심이 되어야 하지 않을까 싶다. 지역협의체는 민간 중심으로 이루어져야 한다. 이후 지역분권에 대비해서 재단의 역할은 그것대로 중요하지만, 재단이라는 구조가 지역민간협의체를 만들어 가긴 어렵다. 민간 차원에서 그런 힘들을 조직화하는 일에서 문화원의 역할이 중요해진다.

그동안 문화원은 지역 권력 구도 속에서 자유롭지 않았던 것도 사실이고, 아직도 그 영향력 안에서 머무르고 있는 것도 사실이다. 지역 안에서 '어른'의 정체성을 가진 사람들이 등장해야 하는데, 다음 세대에 대한 이해나 지역에 대한 통찰력을 가진 사람이 문화원을 구성하는 멤버였으면 좋겠다. 이런 것을 선언하지 않으면 정치적 판단에 영향을 받게 되고, 지역 내 '문화적 어른'으로 인정받기 어렵다.

앞서 말한 지역문화 협의체를 운영하는 방식에서 상향식, 하향식이 아닌 수평적 구조가 필요하다. 지역분권에 대한 흐름 안에서 문화원들은 어떤 역할을 해야 할 것인가에 대한 고민이 필요한 지점이다. 그 지점에서 광역 단위의 협의체를 시도해 문화원연합회 중심의 지역문화 협의체 구성을 자임해야 한다. 그리고 광역 단위 문화원연합회를 중심으로 지역문화원의 수평적 구조 마련이 핵심이라고 본다. 한문연을 중심으로 하는 중앙집중형 협력, 의사 결정구조로는 답이 없다.

최영주　2018년 개최된 지방문화원 발전 포럼에서 제시된 두 가지 솔루션은 지역학을 중심으로 한 지역 특성화 사업의 추진과 개방형 플랫폼으로의 전환이었다.

김영현　지역학은 전통적 고증을 통해서가 아니라 현재 삶과 결합한 생활인문적 구조에서 접근해야 한다. 학문적 접근으로 생각하는 순간 앞으로 나아갈 수가 없다. 이 부분을 명확히 해야 할 것이다.

지역문화진흥원과 지역문화원의 협력 가능성

최영주　지방문화원이 말하는 지역 정체성은 국가 정체성과 동일하게 인식하고 지역의 문화자원을 현재 자원 중심으로 사고하는 것이 아니라 과거의 문화자원으로만 인식하고 있다. 때문에 지역문화에 대한 고증과 '발굴'에 집중하고 있다. 지역의 문화자원을 '발견'해야 하는 것에 대한 관심은 적다고 말할 수 있을 것 같다. 그러한 인식의 전환이 필요한 시점인 것 같다. 논의를 발전시키기 위해, 지역문화 진흥을 위한 지역문화진흥원의 구상이 있으면 좀 더 구체적으로 듣고 싶고, 그런 구상에서 지방문화원과 진흥원과의 향후 협력 구조는 어떤 방식으로 가야 할지, 구체적으로 사업의 형태로는 어떤 사업이 가능한지에 대해서도 듣고 싶다.

김영현　사실 문화원은 대단히 중요한 파트너다. 그러기 위해서는 문화원들이 지역 내 자기 역할에 대한 자기 정리가 무엇보다 중요하다. 지역에서 문화원은 대체 어떤 역할을 하고 있는

가에 대한 합리적, 객관적인 합의가 필요하고, 그에 따른 자기 위상이 필요하다. 그런데 문화원은 파트너로서 지역에서 어떤 역할을 하고 있는지가 명확하지 않은 것 같다.

단순히 지원 사업으로 접근할 경우 사업이 끝나면 협력 관계도 끝난다. 때문에 아까 말씀드렸듯이 지역문화 협의체의 자발적 민간 협의체 성격이 중요하다. 이미 문화분권, 지역 자치에 대한 흐름이 존재하는 것도 사실이고 그것에 대한 대비를 어떤 형식으로든 해야 한다. 넋 놓고 있으면 안 된다. 지역분권의 가장 큰 목적은 지역의 균형 발전이다. 그런데 지역분권, 문화분권을 얘기하려면 지역 내 문화적 수준이 동일해야 한다.

그동안 공모 사업은 지역의 균형 지원이라는 측면보다는 잘하는 지역을 우선 지원해서 성과를 만들어내는 형식이었다. 그런데 이 방식은 대단히 자본주의적 발상이다. 지역에 대한 빈익빈 부익부 현상과 지역 소멸에 대한 우려가 생길 수 있는 지점이다. 반가운 것은 귀농, 귀촌 인구가 많아지면서 그들에 의한 지역 활동이 지역을 적극적으로 변화시킬 수 있다는 가능성을 본다.

최영주   공모 사업은 지역의 균형 지원이라는 측면보다는, 잘하는 지역을 우선 지원해서 성과를 만들어내야 한다는 압박감에서 진흥원도 자유롭지 못하다. 진흥원의 한계에 대한 극복 방안이 있다면?

김영현 예산 지원 후 결과 보고를 받는 단순한 형식에서 벗어나 프로세스를 강화해야 한다. 예산 지원 후 컨설팅, 교육 기능을 강화해서 지역이 동반 성장할 수 있는 프로세스 설계가 필요하다.

현재 전남 지역의 경우 지역 내 문화예술교육 프로그램 발굴을 위한 민간 네트워크 플랫폼 '문화지소'를 만들었다. '문화지소'는 문화예술 역량이 있는 지역 시민 문화 인력을 중심으로 지역문화 사업을 추진하도록 하여 지역문화 역량을 강화시키고자 하는 목적으로 만들어진 곳이라고 할 수 있다. 무엇보다 중요한 것은 지역 주민들이 지역의 문제를 해결할 수 있도록 자발적이고 주체적인 지역문화 인력을 양성하는 것이다. 이 분들이 지역문화 협의체의 중심이 되어야 하지 않을까 생각한다.

담양은 군수 관사를, 장흥은 '오래된 숲'이라는 공간을 문화지소로 지정하여 운영하고 있다. 지역 시민 역량을 강화시키는 이전과 다른 방식의 접근이라고 생각한다. 다양한 사람들이 모여 지역문화를 고민하는 구조, 나는 이것이 지역문화 협의체라고 생각한다.

사실 문화정책 전달 체계에 대한 고민을 하는데 중앙-광역-지역의 문화재단으로 사업을 뿌리는 기존 체계는 한계가 있다. 이러한 일방적 방식이 가지고 있는 문제를 해결하는 데에는 지역문화 협의체가 그 대안일 수 있다. 지역문화 협의체를 광역 중심으로 가서는 안 된다. 오히려 지역이 중심이 되어 출발해야 한다. 문화는 구체적 삶이기 때문이다.

문화체육관광부 내 중앙 단위의 지역문화 협력 네트워크가 과
연 맞는가에 대한 재점검이 필요하다고 본다.

최영주　지역에서 문화적 요구가 합리적으로 협의체를 통해 정
리될 수 있다고 보는가?

김영현　지역문화 중장기(5개년) 발전 방향을 수립하고 있는데,
이 계획에 협의체에 대한 구체적 설계가 명확하게 들어가야
한다고 생각한다. 또한 이 계획이 지역 자체 구조에서 수립될
수 있는 방법을 찾아야 한다. 즉 문화정책의 중심, 내용, 형식
은 기초에서 수립되어야 한다.

유상진　전달 체계는 기본적으로 일방형이다. 때문에 전달 체계
라는 말을 '협력 체계'라는 말로 바꿔야 한다고 말하는 사람도
있다.

최영주　좋은 말이다. 결국 하향식, 상향식이라는 것도 수직적 구
조다.

김영현　대한민국은 문화를 그동안 어떻게 정의하고 있었는가에
대해 정리해볼 필요가 있다. 그동안 문화정책은 문화예술을
'예술문화'로 집중했다. '예술문화'가 문화정책의 90%를 차지

33

하고 있으니, 문화정책이 삶에 접근하는 데 한계가 있었다. 즉, 장르 예술이 문화라는 인식이 그동안의 문화정책이었다. 문화예술교육도 주로 장르 예술 중심이었다. 그러니 문화로 세상을 만든다 혹은 바꾼다는 말이 허무하게 들리는 것이다. 이제는 예술 중심의 문화정책 기조의 큰 틀을 전환시켜야 한다. 이것이 그동안 장르에 기반한 공동체는 만들어지는데 공동체문화와는 점점 거리가 멀어지고 바로 그것이 문화 계급이 발생하는 구조였다.

예를 들어 생활문화 동호회 사업의 경우도 문화공동체를 만들어내는 방식이지 그것이 지역문화 발전의 선순환구조로 이어지는 공동체문화로 이어지지 않는 것도 바로 이 때문이다. 그동안 예술을 배제하는 것이 아니라 예술이 삶과 만나는 지점을 발견하지 않으면 현재 문화는 곧 예술이라는 인식으로 문화를 생각하는 것은 곧 한계에 봉착하게 된다. 문화는 삶의 총체적 방식이라는 접근이 바로 그 지점이다. 문화를 자원으로 보는가, 활동을 통한 '가치'로 보느냐에 따라 그 방향과 내용이 확연히 차이가 난다.

문화자원에 대해 말할 때, '자원'과 콘텐츠로 집중하는 경향이 생긴다. 공동체문화를 만드는 것이 아니라 문화공동체에 집중하고 있는 맥락이 거기에 있다. 공동체 삶의 문화에 대한 고민이 필요하다. 삶을 중심으로 하는 생활인문에 대한 것이 지역학의 중심이 되어야 한다. 예술을 중심으로 하는 문화정책에서 문화원의 위상은 점점 더 위축될 수밖에 없다.

문화로 가치를 만드는 일에서 문화를 자원으로 활용하느냐, 활동을 통해 가치를 만들어내느냐의 문제라고 본다. 문화자원 발굴에 대한 이야기를 하는데, 자원을 통해 활동을 하고 그것을 통해 어떻게 가치를 만들어내야 하는가가 중요하다.

생활문화 동호회 : 문화공동체에서 공동체문화로

최영주 문화공동체가 아닌 공동체문화라는 인식은 참신하다. 지금 현재 생활문화 사업이 문화예술 동호회 사업으로 인식되고 있고, 그 동호회는 끊임없이 마스터클래스를 지향하고 지역 내 문화 카르텔을 형성하는 문제에 대한 해결 방안을 찾기 위한 좋은 접근법인 것 같다. 문화공동체를 공동체문화로 전환시켜야 한다고 말하는데, 생각하는 대안이 있다면?

김영현 역할의 전환이 필요하다. 즉 욕구 기반의 문화정책에서 역할과 권리 기반의 문화정책으로의 전환이다. 이제 문화도 사회안전망에 대한 역할을 해야 하는데 그것을 아직은 공식화시키지 않았다. 그것을 '문화안전망'이라고 할 수 있다. 지역문화진흥원의 일련의 사업이 문화안전망을 만들기 위한 구조로 기획하는 방법에 대한 고민을 하고 있다. 이미 문화적 활동을 통해 사회적 기능을 해왔던 사례가 많다. 이들에게 생활문화공동체 사업을 추진하게 했지만, 이제 사회적 이슈와 문

35

제들을 해결하는 주체로 만들어야 한다.

유상진　그동안 생활문화 사업을 하면서 다양한 집단심층면접 (FGI) 조사를 했고, 재미있는 결과가 도출되었다. 간단하게 결과를 말하면 이미 시민들은 생활문화 사업을 통해 다음과 같은 인식을 가지고 있었다는 것이다. 문제 해결형 생활문화, 취향 중심의 생활문화가 아닌 지역문제 해결을 위한 생활문화에 대한 활동으로 전환되어야 한다는 인식이었다. 이제는 생활문화가 동호회 중심의 지원 구조에서 공동체문화 활동 중심의 생활문화 지원으로 바뀌어야 한다.

김영현　'지역문화진흥기본계획'에는 이미 문화 영역에 대한 사회적 역할론을 명시해놓은 바 있다. 지역사회 사회안전망을 구축하는 데 역할이 있을 것이란 목표가 있었다. 문화를 통한 삶의 질을 이야기하고 있지만 이는 향유를 기본으로 하는 욕구 기반 정책 틀을 넘지 못하고 있는 것이 현실이다. 통계청의 삶의 질 측정 지표에서 나누는 분야에 이제 문화예술 분야가 모두 참여하고 개입할 수 있는 영역으로 봐야 한다.

적극적으로 사회적 가치재로 인식하고 인정하게 만드는 공감의 프로세스가 필요하다. 이러한 목표를 가질 때 문화안전망이란 개념이 사회적 공감대를 얻고 역할이 인정될 때 위상과 보상이 같이 만들어질 것이다.

그동안 문화 융성, 문화의 세기 등 많은 얘기들을 했지만 그것을 생활에서 체감할 수 있어야 하는데 그렇지 못했다고 생각한다. '빅마우스' 중심의 문화정책이 아닌 삶을 중심으로 한 문화정책이 지역문화적 가치로 그 권리를 획득할 수 있는 방향으로 가야 한다.

유상진　문화안전망은 기존의 문화복지 개념과는 다르다.

김영현　그렇다. 문화복지는 단순히 문제가 해결되면 끝이다. 당사자 성격이 강하다. 그러나 문화안전망은 관계성이 강하다. 출발을 문제로부터 출발하는 것이 아니라 가치로부터 출발한다. 단위 문제로 직접 접근하는 것이 아닌 문화적 활동과 관계망을 통해 문제를 해결할 수 있는 방법을 찾는다는 점이 다르다.

지역 내 협력 구조 구축의 필요성

최영주　문화원 스펙트럼이 넓다. 지역마다 그 성향과 역량에 차이가 많고, 지역 내 현안도 대단히 복잡하고 중층적이다. 때문에 일관된 원칙과 방향을 세우기 어려운 측면이 있다.

유상진　그렇다. 지역 협업 네트워크를 강조하지만 강제할 수는 없다. 결국 지역 내 협업 구조와 지역문화 역량이 강화되어 있다는 전제가 필요한 것은 사실이다. 그 역할을 지역문화원이 감당해주고, 지역 내 협력 구조를 만들어내는 데 중추적인 역할을 하고 그것을 지역 간, 광역 단위에서의 네트워크를 활용한 협력 구조를 만들 수 있는 형태로 전환되기를 바라는 것이다. 지역문화 역량을 강화시키는 데 중심적 역할을 기대하는 것이다.

최영주　경기도문화원연합회 차원에서도 지역문화원에 끊임없이 정책을 제안하고 있고 광역 중심의 협력 구조를 만들어가는 노력을 하고 있다. '개방형 플랫폼'형으로의 전환, 청년 중심의 사업 추진 구조로의 전환 등. 그리고 현재적 삶을 통한 공동체문화를 만들어가기 위해 과거-현재-미래라는 큰 틀 안에서 그동안 과거에 집중했던 것에서 근현대 문화에 대한 집중을 통해 아카이브에 대한 중요성에 대해 인식하고 있다.

유상진　한 가지 제안을 드리고 싶다. 이제 지역문화원이 (전래) 놀이 문화에 대해 집중해줬으면 하는 바람이다. (전래) 놀이는 과거의 것이 아니라 현재로 소환해야 한다. 그런데 건강한 (전래) 놀이 문화를 집중적으로 고민하는 단체가 현재는 없다. 서양의 놀이는 승부를 전제로 한다. 즉 승자가 있으면 반드시 패자가 존재하는 형식의 놀이다. 그러나 우리의 전래 놀이는 패자가 없는 행위다. 예를 들어 '다방구'라는 놀이를 보면 술래가 죽으면 같이 놀이하는 누군가가 터치하여 다시 살려내지 않는가. 나는 그것이 공동체 정신이라고 생각한다. 돌봄, 배려, 존중의 정신이 살아 있는 것. 이것이 우리나라 놀이 문화다. 이것이 생활문화의 영역으로 접목할 필요가 있다.

향토문화가 박제된 전통이었다면 놀이 문화가 살아 있는 전통이라는 인식으로 생각하면 어떨까. 놀이의 철학적 가치에 대한 고민이 필요하다고 생각한다.

최영주   좋은 말씀이다. 전래 놀이가 골목이라는 공간에서 세대 간 소통과 돌봄이 이루어지고 이웃 간 커뮤니티가 형성된다는 문제에 집중적으로 고찰할 필요가 있다.

흘러간 과거에 지금 세대는 관심이 없다. 그동안 문화원이 집중한 과거라는 맥락이 의미 과잉으로 억지 세팅되는 측면이 없지 않다. 그러나 그동안 해왔던 시간의 축적물들이 현재적 의미를 획득하고 과거와 현재의 축적물이 쌓여 미래로 이어지기 위한 노력이 필요하다고 다시 한번 절실히 느끼는 계기가 되었다. 지역문화진흥원에서 고민하는 지역문화에 대한 여러 성찰들이 좀 더 다양한 창구를 통해 지방문화원과 공유될 수 있도록 판을 깔아봐야겠다는 생각을 했다.

긴 시간동안 감사했다. 앞으로 지역문화진흥원이 추진하는 일에 박수를 보내며 응원하겠다.

"웬 협력?
니들이나 잘하세요!"

이천에서 문화예술 관계자들이 한자리에 모이는 경우가 있다.
각종 위원회가 소집될 때다. 특히 문화 부문의 위원회가 소집되
면 늘 만나는 얼굴들이 있다. 그리고 늘 따라다니는 말들이 있
다. 그 얼굴이 그 얼굴, 그 소리가 그 소리⋯. 회의에서는 새로울
게 없는 말들만 무성하다. 그러다가 첨예하게 선을 긋고 대립하
는 지점이 있다. 이해가 걸린 문제를 건드리는 경우이다. 기를
쓰고 자기주장만 쏟아내고 상대방의 말은 들으려 하지 않는다.

지역에서 협력은 왜 어려운가

이천에서 있었던 세 가지 사례를 소개하고 싶다. 2018년 3월

40

1부 '서로 손잡기'는 예술이다

경기연구원에서 문화예술정책포럼을 이천에서 열고 싶다고 연락이 왔다. 경기도 지역을 순회하면서 지역문화 예술정책의 현안을 공유하고 함께 협의하는 네트워크 포럼을 하겠다는 것이다. 좋은 기회다 싶어 관내에 있는 주요 문화예술 기관과 단체들에 연락을 취했지만 모이기가 쉽지 않았다. 가뜩이나 일이 많고 바쁜데 '지역문화 정책 수립'과 '네트워크 구축'이라는 모호하고 추상적인 목적으로 이들을 설득하기가 힘에 부쳤다. 구체적으로 체감할 수 있는 의제가 없다면 주체적인 참여를 기대하기 어렵다는 사실을 깨달았다.

2018년 9월에는 이천시와 이천교육지원청이 이천 혁신교육지구 사업을 추진하기 위해서 추진단을 구성하고 회의를 소집했다. 50억 원 이상의 예산을 집중 투자하는 사업이라 각계각층의 기관, 단체 이해관계자들이 모였다. 하지만 단시간에 중장기 추진 계획을 세우고 무리하게 진행하려다 보니 다른 지역의 혁신 계획을 적당히 수정하는 수준에 머물러서 정작 필요한 사업은 하고 싶어도 할 수 없는 상황이 벌어졌다. 지역이 가지고 있는 교육적 자원이 무엇인지, 지역의 역량을 어떻게 끌어오고 활용할 것인지, 마을과 학교를 어떻게 이어줄지 고민이 덜 되어 있는 상황에서 우선 예산부터 확보하고 보자는 식으로 혁신교육지구 사업은 시작되었다. 무조건 집을 지어놓고 거기에 맞추어 사는 방식보다는 원하는 집을 짓고 사는 방식으로 전환하기는 이다지도 어려운 것인가?

2019년 2월에는 이천문화재단 설립 타당성 연구용역 착수 보

이천국제조각심포지엄   ⓒ이천시 공식 블로그

이천문화원 조각 도슨트 활동   ⓒ2018. 이천문화원

1부 '서로 손잡기'는 예술이다

고회가 열렸다. '문화재단 설립'은 '지역문화정책 수립'보다는 문화예술 관련 기관, 단체들에게 위기의식을 불러일으키기에 충분했다. 당장의 위기도 있지만, 재단 설립에 따른 수십 명의 인력 충원이 예상되는 상황에서 여러 가지 이야기가 오갔다. 재단이 해야 할 사업으로는 이천의 주요 축제(산수유축제, 도자기축제, 별빛축제 등) 주관, 문화시설(박물관, 미술관, 아트홀 등)의 운영과 관리 같은 것들이 언급되었다. 재단 설립이 기정사실화되어가고 있는 상황에서 '지역문화 정책의 수립'과 '문화 인력 양성' 같은 사업 영역이 빠져 있는 것이 우려되었다. 당장에 필요한 사업으로 보자면 축제 운영과 문화시설 운영이겠지만, 길게 보면 나머지 두 가지야말로 재단이 해야 할 핵심적인 역할이기 때문이다.

그 외에 예술인의 예술 활동 지원, 생활문화 사업과 문화예술 교육도 문화재단이 간과할 수 없는 사업 영역이다. 이런 영역에 대해서는 지역에서 오랫동안 서로 암묵적으로 합의해온 지점들이 있다. 일종의 경계선 지키기다. 각자의 영역을 침해하지 않고 자기 영역에서 그저 자기 일만 하면 된다는 생각이다. 이는 전문가 중심, 행정가 중심으로 이루어져왔던 문화예술계의 오랜 관행이기도 하다. 각자의 영역에 충실하면 그만이었다.

그러나 시대가 달라졌다. 경계가 무너지고 모호해졌으며 새로운 영역이 생기고 영역 간 융합과 협업이 시도되는 상황이다. 하지만 지역사회는 이런 새로운 변화에 대응할 여력이 없다. 협력의 경험도 거의 없다.

이천국제조각심포지엄 행사의 경우를 보자. 이 행사는 이천문화원이 1998년 처음 시작하여 2006년 9회까지 주관하다가 이천시로 이관되었다. 그 후 이 행사는 사실상 한국예술문화단체총연합회(예총) 이천시지회 중심의 위원회가 조직되어 2019년 21회까지 이어져왔다. 지난 20년간에 걸친 이 행사를 되돌아볼 때 작가 중심의 프로그램과 200여 점의 많은 작품은 산출했지만, 정작 시민을 위한 프로그램, 다양한 미술교육과 시민들에게 친근하게 다가가기 위한 참여 프로그램에는 소홀했다. 이런 이유로 이천문화원은 2016년부터 시민 도슨트(docent)를 양성하기 시작했다.

하지만 그 후 일어난 문제들은 문화예술에 대한 지역사회의 인식 수준을 여실히 보여주는 사례였다. '예술 영역에 왜 문화원이 들어오느냐?', '사진은 사진 전문가의 영역이니 우리 허락 없이 사진 강의를 개설할 수 없다', '개나 소나 예술 하나? 아무나 예술하는 게 아니다', '문화원은 전통문화나 제대로 해라!' 이런 이해 수준 위에서 지역의 문화예술 기관, 단체들이 협력을 할 수 있는 부분은 별로 없어 보인다. 문화 환경이 급변하고 있는데도 아직 지역의 시간대는 캄캄한 밤이다.

'동원'인가 '협력'인가

어느 날 아들이 동네 애들에게 맞고 코피가 터진 채 집에 들어왔다.

"아빠, 저도 힘이 셌으면 좋겠어요."

힘이 지배하는 거친 세상의 원리를 아들도 이제는 알게 된 것일까.

"힘은 세다고 다가 아니야. 진짜 힘은 그 힘을 절제할 수 있는 능력이야."

동네의 정의를 바로잡기 위해 힘을 원했던 아들에게 주사 놓듯 던진 한마디였다.

요즘 영화 〈어벤저스〉가 광풍처럼 대한민국을 휩쓸고 지나갔다. 〈스파이더맨〉이나 〈배트맨〉 같은 영화를 보면 힘을 통제하지 못해 그 힘의 노예가 된 악당 빌런(villain)들을 만나게 된다. 빌런들은 한결같이 힘에 의한 해결, 압도적인 힘의 성취에 빠진 자들이다. 그래서 더딘 과정이나 지루한 협상을 참아내지 못한다.

이에 비해 영웅들은 어떤가? 영웅은 힘의 유혹을 극복하기 위해 힘겨운 자기와의 싸움을 벌인다. 힘이 가진 지배의 욕망에서 벗어나 스스로 힘을 통제할 수 있게 된 사람이야말로 진정한 영웅이다. 〈어벤저스〉는 우주 최고의 빌런 타노스(Thanos)를 상대하기 위해 영웅들이 힘을 합쳐서 결성한 팀이다. 새로운 힘의 모델을 보여준 것이다. 그것은 바로 '협력'이다.

협력(協力)이란 무엇인가? '協(협)'에는 '力(력)' 자가 3개나 들어간다. 여기서 중요한 것은 힘이 얼마만큼 세냐가 아니라 여러 사람의 힘을 어떻게 모으고 합치느냐 하는 것이다. 우리가 쓰는 말 중에 협(協) 자가 들어간 단어들이 몇 개 있다. 협동(協同), 협조(協調), 협력(協力), 영어로는 코오퍼레이션(cooperation, 협동), 코오디네

45

이션(coordination, 협조), 컬래버레이션(collaboration, 협업)으로 표현한다. '코-(com-, co-)'는 '서로 함께'라는 뜻의 접두어로 우리말 '협(協)'에 해당한다. 비슷비슷한 말들 같지만 이 3개 단어는 우리나라 근현대 시기에서 나름대로 이유와 필요 때문에 등장한 개념들이다.

'협동(cooperation)'은 1960~1970년대를 풍미했던 새마을운동의 3대 기본정신(勤勉, 自助, 協同)의 하나로 역사의 전면에 등장했다. 여기서 협동은 '협동조합'을 뜻하는 코오퍼레이티브(co-operative)와 그 의미가 일치한다. 힘을 합친다는 뜻이니 나쁠 것은 없다. 그런데 문제는 이 협동이라는 말에서 왠지 '동원'의 느낌, 그저 맡겨진 일이나 충실히 하라는 이상한 공기가 느껴진다는 것이다. 개인은 오직 힘을 모으는 개체 단위로만 작동할 뿐, 개미 사회 유형의 일사불란함으로 목표를 위해 헌신하고는 이름도 없이 사라져버린다. 그렇다면 이 협동은 일종의 피라미드 건설에 동원된 협동이다. 근대적 시민, 자각에 눈뜬 개인은 필요치 않다. 전후 복구와 빈곤의 극복, 경제개발이라는 시대적 요구에 맞추어 국민 동원형 협동의 가치만을 강조해온 흔적을 우리는 발견한다.

'협조(coordination)'는 조정(調整), 조절(調節) 등으로도 번역이 되는데 힘을 합해 다시 질서를 회복시킨다는 의미를 함축하고 있다. 수천 마리의 개미가 모여 사는 개미집이 있다. 이 개미집을 코끼리가 밟고 지나가면 어떻게 될까? 개미들은 이 갑작스런 사태에 잠시 혼란스러워하겠지만 곧 무너진 집을 복구하기 위해 부산하게 움직인다. 1980~1990년대 우리나라 대기업들의 기획조정실(企劃調整室, Planning and Coordination Division)이 이런 역할을 수행해 왔다. 기획조정실은 급변하는 사업 환경과 기업의 목표에 따라 조직과 인력을 조정하고 재배치하는 중앙사령부로서의 일을 했다. 기업의 조직 체계, 구조의 조정과 아울러 개인의 능력과 아이디어를 조율하는 기능도 여기에 포함된다.

하지만 우리가 경제성장 시대에 경험한 협동과 협조는 자율보다는 왠지 그렇게 해야만 할 것 같은 분위기에 내몰려서 그렇게 했던 것이고, 그래서 다른 목소리를 낼 자유를 박탈당한 채 감시당하고 통제받아온 건 아닐까 하는 혐의를 지울 수 없다. "잔말 말고 어서 노를 젓기나 해!", 딴생각할 시간이 없다. 그저 나는 노만 저으면 된다. 그리고 내가 지치면 누군가가 그 자리를 대신 메울 것이다. 하지만 배가 엉뚱한 곳으로 가고 있다면? 배가 가고자 하는 목적지가 합의된 것이 아니라면? 그렇다면 노 젓는 일은 무익한 일이다. 이렇게 노 젓기(rowing)가 아니라 방향 잡기(steering)가 더 중요하다는 인식이 싹트기 시작했다. 방향 잡기야말로 기획조정실이 해야 할 일이고 정부의 역할이라는 것이다.

2000년대 들어서서 우리나라는 민주화의 진전과 성장의 한계를 경험하면서 사회적 이해의 조정을 스스로의 힘으로 수행해야 하는 과제와 맞닥뜨렸다. 이제는 타율적으로, 그저 시키는 대로만 하는 동원의 대상이 아니라 자율적 주체성을 지닌 근대적 시민으로서 서로 간에 충돌하는 이해관계를 어떻게 조정하느냐

하는 것이 중요해졌다.

여기서 '협력(collaboration)'이라는 개념이 등장한다. 컬래버레이션은 공동 작업(共同作業), 협업(協業)으로도 번역할 수 있다. 오케스트라 연주를 떠올려보라. 단원들은 자신만의 악기를 연주하지만 전체의 화음(和音)이 서로 함께 어울리도록 협력하면서 더 큰 하나의 협화음을 이루어가는 과정에 참여하는 것이다. 서로 다른 재능과 역할, 개성과 전문성을 가진 동등한 주체로서 공유된 비전과 목적을 가지고 새로운 것을 창조하는 데 협업하는 것이다.

'파트너십(partnership)'은 협력의 한 형태라고 볼 수 있다. 다수의 행위자가 공동의 가치와 비전을 공유하고 주체로서 참여하여 지속적인 상호작용과 관계를 통해 창조적인 목표를 달성하고자 동반자 관계를 형성하는 경우다. 민관협력 파트너십이 그 대표적 사례라고 할 수 있다. 민과 관의 관계는 지퍼(zipper) 모델로 설명하는 게 쉬울 것 같다.
지퍼 록(zipper lock)은 올리면 서로 다른 두 면이 톱니바퀴처럼 단단히 물린다. 내리면 느슨하게 풀어줄 수도 있다.

20세기 획기적인 발명품인 지퍼.
서로 다른 두 영역인 민·관의 결합의
정도를 상징적으로 보여준다.

1부 '서로 손잡기'는 예술이다

‘거버넌스(governance)’도 협력의 한 방식이다. 파트너십이 양자 간 협력이라면 거버넌스는 다자간 협력의 방식이다. 지역사회의 이해당사자들이 지역의 문제를 함께 모여 ‘자치적으로’ 그리고 ‘협력적으로’ 해결해나가는 사회적 협의 체계라고 할 수 있다. 그래서 거버넌스를 협치(協治)라고 부른다.

거버넌스는 정부 주도의 획일적인 통제와 관리에서 벗어나 다양한 이해당사자들이 방관자가 아니라 주체적인 행위자로 협의를 통해 정책을 결정하고 집행해나가는 과정이다. 불확실성이 증대되는 사회 현실에서 이제까지 경험하지 못한 복잡한 문제나 위기 상황을 해결하기 위한 현실적인 대안을 마련할 수 있다는 장점이 있다.

‘어벤저스 어셈블리’의 경험을 쌓자

이제 우리는 지역사회의 어떤 일에 대해서 어느 지점에서 어느 정도까지 손을 잡고 협력할 것인지 협력의 방식, 협력의 수준을 가늠할 수 있어야 한다. 〈어벤저스 : 엔드게임〉에서 타노스와 최후의 결전을 벌이면서 캡틴 아메리카가 외친다. “어벤저스, 어셈블!(Avengers, Assemble!)”[1] 이 외침에 모든 어벤저스들이 한꺼번에

---

1 ‘어벤저스, 모여라!’, ‘어벤저스, 합체!’라는 의미로, 어벤저스의 상징과도 같은 캐치프레이즈다. 전투에 돌입하는 상황에서 팀의 리더가 어벤저스 모두에게 외치는 일종의 구호이다.

“웬 협력? 니들이나 잘하세요!”

등장해서 돌격한다. 절체절명의 위기 상황에서 모두가 힘을 합해 연합전선을 펴는 것이다. 서로 유기적으로 결합하여 하나의 팀으로 작동하는 협력의 방식이라는 점에서 어벤저스의 '어셈블'은 협력의 멋진 영화적 이미지를 보여준다.

하지만 현실의 어셈블리(Assembly, 국회)는 어떤가? 진흙탕 싸움으로 서로를 비난하며 상대를 탓하고 있다. 이는 현실에서 이해 당사자들이 합의를 이루기가 얼마나 어려운지를 실감하게 한다. 협력은 쉽게 이루어지지 않는다. 상대방에 대한 신뢰가 있어야 하고, 협력의 경험이 쌓여야 한다. 이 시점에서 우리가 인식해야 할 것은 현재 우리가 위기에 놓여 있다는 점, 이 위기를 극복하는 길은 눈앞의 이익에 급급하기보다는 멀리 보고 더딘 참여의 과정을 밟아나가며 인내로써 상대방을 기다려주는 포용성이 있어야 한다는 점이다.

'나무들의 우정'을 생각한다

지역문화재단과 지역문화원 어떻게 손을 잡을까?

········· 손경년 부천문화재단 대표이사

오랜 역사와 함께 지역에서 향토문화를 담당해온 지방문화원
(이하 문화원)이 있는 지역 지자체가 지역문화재단(이하 문화재단)을
설립하고자 하면 '문화재단과 문화원의 사업을 보면 유사한 것
이 많은데 굳이 문화재단을 설립할 필요가 있는가?'라는 질문을
합니다. 또 문화재단과 문화원이 함께 활동하고 있는 지역에서
는 '견제와 갈등을 보이고 있는 문화원과 문화재단의 업무가 중
첩되지 않도록 조정해야 하지 않는가?' 등의 질문을 합니다. 들
리는 말에 의하면 대부분의 지역에서 문화원과 문화재단이 그
리 살갑게 지내고 있지 않다고 합니다. 예컨대 지역의 문화 예산
'파이 나눠 먹기'나 '옥상옥(屋上屋)'이 아닌가 하는 혐의를 받기도
하는데, 그러나 문화원과 문화재단의 법적 지위와 목적을 다시
한번 살펴보면 사업의 유사성으로 인한 불필요한 기구의 설립

51

이라는 지적이 반드시 타당한 것 같지는 않습니다.

문화원과 문화재단 간의 차이를 꼽자면 '사단법인'과 '재단법인'이라는 법적 지위와 출연금과 보조금이라는 다른 예산 경로를 가지고 있다는 점에 있습니다. 이러한 차이가 있다고 하여 문화원과 문화재단은 결코 협력할 수 없는 관계라고 할 수 있을까요? 두 기관의 지역문화 진흥을 위한 '행복한 마리아주(mariage)'는 이루어질 수 없는 것일까요?

독일의 산림기사 출신 페터 볼레벤(Peter Wohlleben)은 그의 저서 『나무수업』(위즈덤하우스, 2016)에서 수령이 400~500년은 족히 되어 보이는 나무가 죽지 않고 살아 있는 이유를 찾아보니, '뿌리를 통해 이웃 나무들의 지원을 받았던' 탓이었다고 말합니다. 학자들은 "이런 이웃 간의 교류는 뿌리 끝을 감싸며 자라 그 뿌리의 영양 교환을 돕는 균류를 통해 이루어지거나, 직접 서로의 뿌리가 뒤엉켜 하나의 뿌리처럼 결합하기 때문에 가능"하며, "같은 나무 종의 개체들이 대부분 그런 시스템을 통해 서로 연결되어 있다는 사실을 입증"한 바 있다고 합니다. 그는 "그런 네트워크를 통해 영양분을 나누고 이웃이 위험에 처할 때 도움을 주기" 때문에 "모든 나무는 한 그루 한 그루 전부가 최대한 오래 살아남아야 하는 소중한 공동체의 자산"이라고 하며, '이런 공동체의 일원'으로서 '나무들의 우정'을 사람들의 삶에 빗대어 이해하기 쉽게 설명하고 있습니다. 우리의 삶을 구성하는 요소는 매우 다양합니다. 돈으로 삶의 모든 것을 규정할 수 있을 것 같은 자본주의사회이지만 반면에 온정, 배려, 환대, 질투, 눈물, 사랑, 자비,

증오 등의 감정과 돈과 관계없는 일상의 자잘한 행위가 어우러져 공동체 속에서 우리의 삶을 만들어가고 있습니다. '나무들의 우정'처럼 우리도 삶 속에서 '사람들의 공동체적인 협력 경험을 지속 가능한 즐거움으로 만드는 것'이 그리 불가능하지는 않을 것 같다는 생각이 듭니다.

'서로 손잡기'의 경험 : 부천의 경우

'문화원과 지역문화재단이 왜 손을 잡아야 하는가'라는 질문을 누군가 한다면, 저는 단순하게 대답을 할 수 있을 것 같습니다. 두 기관이 지역의 문화와 예술을 다룬다는 점에서 '같은 종의 개체'이고, 서로 연결되어 영양분을 나누는 네트워크를 이루어야 '함께 살아갈 수' 있으며, 모두 오래 살아남아야 하는 '지역 공동체의 소중한 자산'이므로, 주저할 것 없이 서로 손을 잡고 협력해야 할 관계라고 말입니다. 철학자 미셸 드 몽테뉴(Michel de Montaigne)는 "내가 고양이와 놀고 있으면서, 사실은 그 고양이가 나와 놀고 있는 것이 아니라는 걸 내가 어찌 알겠는가?"라는 질문을 합니다. 저는 이 물음은 우리에게 '상호이해가 중요하다는 것을 알려준다'고 나름대로 해석하고 싶습니다.

문화원과 문화재단은 공통의 지향점이 있습니다. 발을 디디고 있는 자신의 지역문화 진흥을 위해 시민과 함께 미래로 나아가자는 것이지요. 우리는 일반적으로 지역문화란 지역에서 향유하

53

고 있는 문화, 즉 '지역의 전통문화(문화유산), 지역민의 생활문화와 예술문화' 등을 포괄하면서 '지리적 공간 및 행정구역의 관점에서 본 지역에 기반을 둔 문화'로 이해하고 있습니다. 다른 한편으로 생활 공간, 경제 공간, 심미적 공간, 생태 공간 등의 특성을 반영한 '지역에서의 삶의 총체'를 지역문화라고 칭하기도 합니다. 이렇듯 지역문화는 지역 주민의 삶과 밀접하기 때문에 '왜'라는 질문과 더불어 '누구와', '무엇을'이라는 질문을 지속적으로 해야 할 것입니다. 이를 위해 문화원과 문화재단은 지역 특성이 반영된 존재근거, 목적과 목표를 분명히 설정하고 상호이해를 기반으로 파트너십과 거버넌스를 '어떻게' 할 것인가에 대한 고민을 나누어야 할 것입니다. 다시 말해 이러한 과정을 통한 협력은 '함께 놀고 있음'을 확인하는 것이며, 각 기관의 독자성과 전문성을 유지하되 '서로 손잡기'가 가능한 접점을 찾아나갈 수 있지 않을까 싶습니다.

'손잡기'는 무엇보다도 만남을 전제하고 있습니다. 지자체로부터 출연금을 받는 문화재단은 지역문화 생태계에 기반이 되어야 한다고 봅니다. 예컨대 타 지자체도 그러하겠지만 부천에는 문화원, 한국예술문화단체총연합회(예총), 한국민족예술단체총연합회(민예총)와 다양한 생활문화 동호회, 생활문화 협동조합 등이 활발히 활동하고 있습니다. 또 '부천국제판타스틱영화제', '부천필하모닉오케스트라', '부천국제애니메이션페스티벌', '부천국제만화축제', '부천세계비보이대회' 등이 있으며 조직과 예산이 각각 독립되어 있습니다. 부천문화원은 문화원 고유 사업에 더해 국가보조금이나 지방보조금 사업을 수행하고 있습니다. 각 조직들은 각자의 시계추에 의해 움직일 수밖에 없는 구조이지요. 그래서 기관장 모임을 시작하였습니다.

서로의 결핍, 서로의 몰이해, 서로 간의 이해관계, 혹은 오해 등을 해소하는 것이 우선이었습니다. 대화가 진척됨에 따라 공동 워크숍을 통한 타 기관의 이해, 공동 홍보를 통한 시너지 효과, 행정적 어려움에 대한 공동 대응 등에 대한 이야기가 오갈 수 있었습니다. 기관마다 사업의 목적과 지향점이 분명하기 때문에 도대체 어느 지점에서 서로 협력할 수 있을까 싶기도 하지만, 부천문화재단은 각각의 축제가 갖는 특성에 보다 집중할 수 있도록 지속적이고 일상적인 시민 향유 및 예술(가) 지원 사업을 적절하게 배치, 연접시키도록 기획을 하고 있습니다.

일반적으로 문화원들은 중장기 발전 계획을 위한 연구 수행이 쉽지 않은 것으로 압니다. 그러나 지역의 전통문화 발굴과 정통성을 유지할 수 있는 연구와 교육, 이를 담당할 수 있는 인력 육성과 문화원 운영의 전문성을 높이기 위한 다각적인 대응이 요구되고 있는 것이 현실입니다. 그런 만큼 문화정책 워크숍, 체계적인 교육 커리큘럼 연구 개발, 지역의 문화 매개 인력 교육 및 활용 등의 사업은 문화재단과 협력하는 사업이 되어야 할 것 같습니다. 마찬가지로 법적·제도적 장치의 미비로 인한 어려움이 있을지라도 문화 사업의 특성이나 영역에 따라 시설 공유를 통한 시민 접근성 향상, 전문 인력풀의 확보 및 활용 등과 함께 문화원의 재정 자립도 및 재원 확충을 위한 회원 확보, 회비 납

부율 증대를 통한 자체 수입의 안정 등에 대한 문화원의 적극적 노력, 그리고 문화재단과 함께 지정 기부 활성화 등을 통한 후원 통로 개발 등은 지속적으로 논의할 수 있는 영역이 아닐까 싶습니다.

지역문화원과 지역문화재단, 서로 손잡고 나아가자

최근 문화재단이 있는 지역에서는 문화재단이 직접 관여하여 수행하는 문화적 도시재생, 문화 특화사업, 법정 문화도시 지정 사업 등의 문화체육관광부 사업과 국토부의 도시재생 사업이 주민 생활권 안에서 이루어지고 있습니다. 변화가 급격하게 일어나는 도시일수록 전문 역량을 갖춘 향토 사료 연구와 아카이브(archive)가 요구되며, 오히려 지역 고유의 문화자원을 활용한 지역문화 재생 사업이 늘어나서 문화원의 참여가 커지고 있습니다. 또한 지역의 문화 원형과 역사·문화적 가치를 발굴하여 문화 사업의 경쟁력 증진을 위한 문화원의 참여 요구도 늘어나고 있습니다. 관심과 참여 요구가 커지는 만큼 문화원에 대한 지역 주민들의 인식 전환과 문화원 내에서의 공동체의식의 형성은 중요한 요소인 것 같습니다. 이를 위해 전문가의 영입과 더불어 문화원 직원들에게 전문교육 기회의 장을 열어주는 것이 필요하며, 보조금 사업을 수행할지라도 내부 기획력에 기반을 둔 사업 실행 형태가 요구될 것입니다.

종합해보면 당대에서 요구되는 문화원의 역할과 기능이란 지역 향토사와 향토문화의 심도 있는 연구를 통해 향토문화의 '기록자로서 역할' 수행, 연구와 발굴을 통해 드러난 지역의 문화자원을 활용하여 문화·예술교육을 직접 수행하는 '전승자로서 역할', 문화원이 운영하는 공간 제공 및 지역 주민들에게 가장 가까운 거리에서 '서비스를 제공하는 역할' 등이 아닐까 합니다. 이러한 역할의 수행을 위해서는 문화재단의 정책 수립 과정부터 참여, 현장 밀착형 사업을 수행하면서 주민들의 연대를 만들어내는 중심 역할을 하는 것이 필요하다고 봅니다. '손을 잡는 것', 이는 만남에서 출발하여 상호이해를 위한 공동 프로그램을 실질적으로 가동하고 협업에 의해 성과를 공유하는 것, 다시 말해 '문화원과 문화재단의 우정'이 생겨야 '도움을 주는 힘'이 될 것입니다.

"그럼에도 불구하고
좋은 협력을 꿈꾼다"

········· 임재춘 문화 기획자／생활적정랩 빼꼼 대표

웹진 『경기문화저널』의 이번 호 주제는 '협력'이다. 네트워크, 파트너십, 거버넌스 등 표현과 의미의 결은 조금씩 다르지만 문화원처럼 제도나 정책의 거점인 주체들에게 문화의 가치, 공공성의 실현이라는 측면에서 '협력'의 의미는 여러모로 각별하다. 오래전부터 문화원 안팎의 많은 사람들이 협력에 관해 중요한 이야기들을 지속적으로 해오기도 했다. 그러나 외부인의 시선에서 볼 때 이야기가 문화원 주변에서 공회전하는 느낌을 지울 수 없다. 여전히 강조되어야만 하는 이야기임에 분명하지만, 누군가가 했던 이야기를 반복적으로 할 수밖에 없다면 조금 다른 사람들의 생각과 말이 필요한 것은 아닌지 생각해보게 된다. 예를 들면 문화원의 크고 작은 사업들의 기획서를 쓰고 사업을 운영·관리하며 의미를 부여하고 정산을 하는 이들 말이다. 지역의 토호화된 정치와 무관하게 자기 일을 묵묵히 하면서 더디게라도 현재와 지향점들의 간극을 채워가고 있는 이들 말이다. 이 글은 모일 모처에서 경기도 지역의 문화원 직원 5명과 나눈 이야기를 재구성한 것이다. 〈편집자 주〉

_____ 지난해 '경기 지역 향토문화의 발전 방향 모색'이라는 주제로 진행된 고영직 평론가와 신동호 코뮤니타스 대표의 대담(『경기문화저널』 17호)에서 지역의 문화적 생태계 구축과 문화 기획의 질적 도약을 위한 방법으로서 문화원(또는 지역문화재단)이 '개방형 플랫폼'의 방향으로 가야 한다는 제언이 있었다. 이를 정책적으로 풀어내는 단위로서 100인의 시민들이 '지역 문화위원회'를 구성하자는 아이디어도 제시되었는데 이에 대한 각자의 생각은 무엇인가.

A. 문화원이 하는 일은 공공성을 지향하는 것인데, 문화원장이 선출되는 방식은 문화적 전문성을 전제로 하지 않다 보니 여러 문제가 생긴다. 자격이나 선출 방식 역시 같은 상황이다. 지역마다 조금씩 다를 수 있겠지만 문화예술 분야에서 활동한 경험이나 식견과 무관하게 지역에서 두루 활동한 분들 가운데 입회비 100만 원, 매년 회비 100만 원, 공탁금 1000만 원 등 적지 않은 돈을 문화원에 낼 수 있는 사람이 문화원장이 된다. 문화원장은 지역의 문화기관장으로서 여러 자리에서 문화에 대한 식견을 제시하거나 의사결정에 참여하게 되는데, 내용을 잘 모르다 보니 직원들이 다 써서 자료로 만들어 보내주면 그걸 보고 이해하시는 경우가 많다. 문화원장이 문화 전문가여야 한다는 것은 공감되는 대목이다.

B. 필요하다고 느끼는 대목도 있지만 안 어울리는 것 같기도 하다. 특히 문화원장의 유급 공채 제도 같은 것들은 문화원장이나 이사들이 오히려 1년에 회비를 얼마씩 내고 있는 상황이다 보니 지역의 문화정책 수준, 인식, 재원 확보 측면에서 가능한 일인지 모르겠다.

A. 지역 사회 분위기나 문화원의 구조가 보수적이라는 측면에서 볼 때 아직은 '비현실적'이라는 생각도 든다. 시민들로 구성된 문화위원회도 그렇고, 아예 문화원의 태생 자체와 맞지 않는 다른 형태의 플랫폼이라는 생각이 들긴 하다. 문화원장의 유급 제도를 비롯해 이사 제도 이런 것들을 그들이 스스로 바꿔야 되는데 굉장히 어려운 일일 거라는 생각이 든다. 그게 가능하려면 문화원과는 아예 다른 조직이라야 하지 않을까.

개방형 플랫폼이나 지역 문화위원회와 같은 이슈들을 풀어내기 위해서는 정책적인 차원에서 문화원의 구조를 완전히 새롭게 구상해야 한다는 의견들이 지배적이었다. 문화원에서 작동하는 유무형의 관성들을 고려할 때 어쩌면 긴 호흡을 통한 작은 변화에 만족하기보다는 '전환'을 위한 크고 깊은 들숨과 날숨이 필요할지도 모른다는 생각이 든다. 동시에 '협력'이라는 가치가 직원들의 입장에서는 따라야 할 규범이나 당위처럼 받아들여지는 것은 아닌지 염려되었다. 문화원 직원들이 실제 일을 하면서 또는 지역에 살면서 협력이 정말 필요한 것인지, 각자가 경험한 협력의 사건들은 무엇인가.

C. 올해 이전과는 다른 차원에서 주민과 협력하는 방식으로 진행하는 사업들이 있다. 문화원에서 모든 것을 기획하고 실행하기보다 동네에서 주민들이 하고자 하는 것들을 스스로 도모할 수 있도록 하는 것이다. 아직 시작 단계이지만 주민으로 구성된 주체들이 같이 일을 함으로써 서로에게 조력자가 되고 있다. 문화원 실무자 입장에서는 매번 현장에 가서 일을 하지 않아도 되기 때문에 업무 효율도 생긴다. 사실 궁금하다. 이런 방식이 정말로 서로에게 도움이 되고 주민들도 스스로 알아서 활동이나 사업을 끌어갈 수 있는 것인지…. 서로에게 도전이자 실험인 한 해가 될 것 같다. 이것 외에도 기본적으로 협력은 많이 필요하다. 문화원이 하는 일은 많고, 밖에서는 원하는데 다 할 수 없는 상황이다. 다만 수평적인 관계에서 협력으로 가야 하는데 지금까지의 경험은 좀 아쉽고 그러한 방향으로 변화될 수 있는가도 긍정적이진 않다.

B. 외부의 도움이 정말 많이 필요하다. 직원 1인당 1년에 담당하는 사업이 10개 이상은 될 것 같다.

D. 일하면서 가장 힘든 게 협력을 이끌어내는 것과 내가 원하는 방향에서 그 협력을 활용할 수 없다는 점이다. 예를 들어 지역 전통축제의 경우 지역의 고유한 것을 축제로 이끌어내고, 전통을 이을 수 있게 진행하는 사업이다. 이런 경우에 협력 방식으로 진행되어야 하는데, 그것이 힘든 게 협력의 주체들(지역 전통문

화 관련자, 또는 관련 단체)이 원하는 방향이 확고부동한 데 반해 문화원 실무자 입장에서는 사업 취지나 의미와 맞지 않을 때 더 나은 방향으로 바꾸기가 참 어렵다는 점이다. 결국 그들이 원하는 방식으로만 진행되고 문화원이나 직원들은 비용을 지출하는 창구 혹은 창구 담당자 정도로 이용되는 것 같아 아쉽다. 문화원에서 일한 지 6년 정도 되었는데 그런 경험들이 반복되다 보니 협력을 실제로 하는 것은 쉽지 않다고 생각한다. 그래서 지역사회에서 문화원 사업의 협력은 일을 할수록 줄어들고 있다. 그나마 이뤄진다고 하면 단순히 중간중간 지역 사람들한테 모니터링을 요청해서 그 결과를 받아들인다든가, 아니면 지속적인 회의를 통해 의견을 도출한다든가 하는 경우가 많다. 그리고 그런 경우도 결국에는 우리가 답을 미리 마련해놓고, 그 답에 참여자들이 수긍하도록 회의를 진행하는 경우가 많다.

B. 비슷한 생각이다. 그런데 협력도 어떤 형태냐에 따라 성격이 다르다고 생각한다. 우리가 하고자 하는 사업을 할 때 우리에게 필요한 주체들과 자체적으로 하는 경우가 있고, 아니면 어떤 단체에서 사업을 하고 싶은데 민간단체라서 공공성 사업을 신청할 수 있는 자격이 안 된다, 그러니 문화원 이름을 빌려서 같이 진행하면 어떠냐고 해서 하는 경우도 있다. 그런데 지금 사정은 굉장히 안 좋다. 사업 수준이 낮아 문화원 타이틀을 거는 게 부담스럽다. 협력도 사실 우리가 원하는 방향으로 컨트롤되어야 일하기 쉽다. 현재는 일손이 부족하기 때문에 구하는 느낌이라

고 생각한다.

E. 좋은 협력이 있고, 나쁜 협력이 있다. 좋은 협력은 기획자가 자기가 원하는 강사를 초빙해서 같이 의논해서 같이 만들면 좋게 만들어진다. 그런데 문화원장, 문화원 이사와 연결되어 특정 단체와 해야 한다고 콕 집어서 지시받는 경우가 있다. 이것도 문화원에서 많이 있는 협력의 형태인데 이런 경우 직원이기 때문에 어쩔 수 없이 따라야 한다. 그런 방식의 협력 사업은 힘든 경우가 많다. 이 사람과 하고 싶지 않다 해도 원장님이나 높은 사람을 통해 연결된 사람과 관계를 정리하기가 쉽지 않다. 계속 해야 된다.

협력은 '수평적인' 조직문화로부터

문화원 직원들은 대체로 협력의 필요성에는 공감하면서도 이상적이라고 했다. 지금까지 그들이 경험한 협력은 여럿이 지혜와 힘을 모아 함께 도모하기보다 복수의 주체가 행정적으로 결합된 형식, 상호 합의되지 않은 업무적 관계에 지나지 않은 경우가 많은 듯하다. 문화원의 수직적 구조에 지역 내에서의 이해관계가 얽혀, 일의 질을 제고하기 위한 내부의 필요성으로부터 '협력'이 제기되기보다 상급자의 지시적 상황에 떠밀려 어쩔 수 없이 해야 하는 것이었던 셈이다.
협력을 문화원의 업무 분업 차원에서만 이해하는 것 또한 적절치 않다. 물론 일할 사람이 얼마 없는데 많은 일을 처리해야 하는 현실적인 문제를 해소하는 데 도움이 되는 것은 사실이다. 그러나 협력은 무엇보다 문화적 공공성에 대한 의미, 사람들의 개입을 허용하는 민주적인 장치로서의 개방적 태도를 의미하기도 한다. 그리고 문화원 바깥의 다양한 주체들과 연결되어 소통하면서 사업의 내용과 질을 높일 수 있는 방안이기도 하다. 넓게는 지역 내외의 예술가, 문화 기획자, 지역의 지식인들이 각자의 존재력을 높이면서 상생할 수 있는 생태계의 상상으로 이어진다. 그러나 지금까지의 경험에 비춰 보면 문화원이 지역사회와 아름다운 협력을 이루기 위해서는 협력에 대한 인식을 높이는 것, 문화 전문성을 높이기 위한 문화원 구조의 변화 등 정책적인 접근이 요청된다. 만만치 않은 일이다. 직원들은 조심스럽게 몇 가지 제안을 했다.

　C. 최근에 서울혁신센터, 성미산마을, 문래동시장 쪽에 다녀올 기회가 있었다. 다른 것보다 사람들이 퍽 인상적이었다. 나는 문화원 12년 차인데 문화원 안에 사고가 갇혀 있구나, 라는 생각을 하게 되었다. '문화원스럽다'라는 말이 있다. 굳이 벗어나야 된다고 생각하는 것은 아니지만, 좋지 않은 인식과 평가가 담긴 표현이라 바꿔보고 싶다. 그러려면 문화원 안에서도 좀 변해야 되지 않을까. 문화원 바깥에서 직원들끼리 만나면 다 통하는데 내부에 가면 그게 안 되더라. 지역 활동을 하는 그런 사람들을 만나면서 '공기'가 다르다는 걸 느꼈다. 그래서 자주 만남을 가져야겠다고 생각했다. 꼭 일을 통한 협력이 아니더라도…. 이

제는 같이 협력해야 한다고 생각한다.

A. 문화원이 갖고 있는 기본적인 권력 자체가 외부 협력자들을 '피사용자'로 만들어버리게 된다. 그들과의 협력이 동등한 상태가 아니다. 원장님을 통해서 오면 원장님 힘이 실리기 때문에 직원들 입장에서 동등하지 않게 된다. 그리고 문화원을 활용하는 분들은 여하튼 문화원을 통해서 비용을 지출하는 부분이 있으니까 수평적이지 않다. 그런 상태에서 수평적으로 만드는 게 굉장히 어렵다. 조직의 의사소통 구조를 직급이 아닌 수평적인 구조로 전환해보는 것이 필요할 수 있다. 조직문화가 개방적이고 수평적이어야 외부와의 소통에서도 그럴 수 있지 않을까.

B. 직원 협의회도 하고, 비전이다 뭐다 교육을 1년에 몇 번씩 받는다. 거기서 공감되었던 이야기, 새로운 시각을 접했지만 문화원 내부로 들어가는 순간, 우리는 안 되는구나 하는 회의감이 든다. 우리도 이렇게 해야 되지 않아요, 하면 '이게 되겠어? 돈은 어디서 끌어올 건데?'라며 힘 빠지는 이야기들이 대부분이다. 문화원에서 오랫동안 일했지만 내부적으로 새로운 생각이 안 받아들여지는 걸 반복적으로 느끼니까 기존 틀에 맞춰가는 것 같다.

"그럼에도 불구하고 좋은 협력을 꿈꾼다"

_____협력을 위한 실천 과제로 내부의 변화, 문화원의 조직문화 변화가 언급된 것은 다소 뜻밖이고 놀라웠다. 자신들이 속한 조직에 대한 비평을 통해 스스로 할 수 있는 것들에 대해 이미 많은 고민과 생각들을 해오고 있었다. 그중 직원들끼리 만든 자발적 공부 모임 사례는 업무의 역량을 높이기 위한 취지도 있겠지만, 각자가 맡은 일을 넘어 일의 일상과 비일상을 교류하며 관계의 밀도를 넓혀간다는 점, 그리고 자유로운 학습활동이라는 조직 관리에서 꽤 공식적인 방식이 문화원 안에서는 구조화되어 있지 않음에도 불구하고, 질문을 스스로 풀어가고 채워가며 하나의 문화를 만들어내고 있다는 면에서 좋은 시도라고 여겨진다.

A. 우리 지역에는 아직 박물관이 없다. 4~5년 전에 몇몇 사람들끼리 모여 우리 지역에 어떤 박물관이 있어야 하는지 공부를 시작했다. 대학교수, 작가, 기자 등 여러 분야의 사람들이 있었는데 내가 막내였지만 존중받는 느낌이었다. 문화원의 업무가 아닌 자발적 공부 모임이었다. 같이 연구하고 답사 다니느라 힘들긴 했는데, 한 달에 한 번씩 모여서 발제 준비하고 어떤 사람은 토론 준비하고, 자료도 수집하는 활동이었다. 각자 1년에 2개 정도의 발제를 했는데 힘든 만큼 애정과 관심도 높아졌다. 결과적으로 그런 활동이 촉매가 되어 시(市)의 의제로 반영되었다. 그때 함께했던 시간이 매우 좋았다. 비슷한 사례인데 경기도에서 진행하는 직원 네트워크도 내부적으로 의지를 모아 작년 말부

터 올해 초까지 공부를 같이 했다. 계속 해오던 것이기도 했지만 나를 포함한 직원들의 나이대가 비슷해서 공감대가 컸다. 현장을 직접 보고 싶다는 의견이 많아 같이 답사 코스를 정해 당일치기라도 갔다 오자 해서 4~5명씩 광명, 경주 등 한 네 군데 다녀왔다. 해보니까 의미가 있었다. 그래서 그다음에는 우리 지역에 있는 마을 중, 우리 사업 대상지 한 곳을 공부 주제로 정해서 그 마을 역사에 대한 공부를 해보기로 했다.

초등학생들이 이 마을에 체험하러 많이 오는데 초등학교 교과서와 연계하면 좋을 듯해 초등학교 교과서 공부를 같이 했다. 사회와 역사, 문학, 미술, 음악 등 직원들의 전공을 살려 교과서를 읽고 해석했다. 교과서가 어떤 방식으로 만들어지고 그런 것들이 우리한테 어떻게 공부가 되나, 계속 서로 발표하고 그걸 어떻게 경험적으로 아이들한테 다가갈 수 있게 만들까 하는 시도들을 했다. 격주로 3~4차례 진행했는데 나이와 무관하게 수평적인 관계들이 가능했고, 서로의 전문성을 알고 인정하는 경험이 되어 도움이 많이 되었다.

D. 그리고 그렇게 개발한 프로그램을 직원들이 강사가 되어 운영해보았다. 직원들끼리 공부를 통해 만든 프로그램을 담당 사업에 적용하고, 다른 곳에 소개시켜주기도 했다. 보람도 있고 공부도 되고. 다른 사람들에게 도움을 줄 수 있다는 것에 자긍심도 느끼고 좋았다. 스스로 배워가고 발전하는 게 좋다. 언제까지나 같은 자리에 머물러 있는 것보다는 조금 더 열심히 좋은 사

67

람들끼리 모여서 그렇게 고민하는 게 의미가 있더라.

          문화원이라는 조직 차원에서 아름다운 협력의 시도나 경험을 사례로 접하기는 쉽지 않은 것 같다. 그리고 '협력'이라는 게 우리가 흔하게 들어왔던 익숙함에 비해 그것의 의미나 방법을 깊이 고민해봤거나 잘 알지 못한다는 것도 생각해보게 된다. 그로 인해 내부에서 느끼는 갑갑함이 때로는 '스스로', '함께 모임', '공부' 이런 것들을 추동하고 있다고 볼 수도 있겠다. 문제의 각성과 이를 풀어내는 주체를 스스로로 정하고 그 개인들이 시도하는 연결의 경험을 대수롭게 볼 일이 아니다. 이들의 경험이 결과적으로 연결의 지향을 표방하는 문화원의 자양분이 되기 때문이다. 두 시간 동안 진행된 대화는 생각보다 더 많은 이야기들이 오갔으나, 직원들의 생생한 마음과 생각들을 미처 글로 다 담아내지 못한 아쉬움이 크다. 직원들의 이야기 속에서 드러난 '문화원+협력'에 대한 섬세한 생각의 단서들을 정책과 제도, 조직 운영에서 어떻게 이어갈지 다음 이야기가 필요하다.

맞잡은 손의 따뜻함과
평등의 발견

.... 김풍기 강원대 국어교육과 교수

'그린 북', 사회적 불평등의 상징

〈그린 북〉(Green Book, 2018)을 보면서 처음에는 이 영화가 코미디 장르인 줄 알았다. 자신이 일하던 술집에서 손님을 때린 뒤 해고를 당한 토니 발레롱가(Tony Vallelonga)가 피아니스트인 돈 셜리(Don Shirley)의 운전기사자리를 소개받아 그의 집으로 면접을 보러 간 장면 때문이었다. 토니는 자신도 미국으로 이민을 온 이탈리아계 사람이면서 흑인에 대한 강한 편견을 가지고 있었으니(자기 집에 일을 하러 온 흑인이 마신 컵을 슬며시 들어 쓰레기통에 넣는 장면을 떠올려보라), 흑인인 셜리를 보자마자 그냥 돌아갈 줄 알았다. 그런데 면접에 응했을 뿐 아니라 두 사람이 앉은 자리의 배치를 보면서 나는 그만 웃음을 터뜨렸다.

69

마치 아프리카 어느 나라의 왕이 금빛 왕좌에 앉아 있는 것처럼 도도하고 근엄한 셜리와, 한 단계 아래 거실에 놓인 의자에 앉은 토니의 모습은 너무도 뜬금없었다. 대체로 웃음이란 우리의 예상을 빗나가는 순간에 나오는 경우가 많다. 두 사람의 모습은 그들의 지위를 다양한 방식으로 압축해서 보여준다. 백인 중심의 사회에서 흑인이 윗자리에 앉아 있는 배지는 여러 모로 사회의 모순을 비틀어서 표현한 것이다. 이 구도를 보면서 웃음을 터뜨리고 나서야 나는 비로소 이 영화는 작품의 배경인 1960년대 미국 사회의 일반적인 생각들을 비틀고 있다는 생각을 떠올렸다. 토니는 가난하면서 골목의 부랑아로 살아온, 그리하여 배운 것도 없어서 거칠기 짝이 없는 인물이다. 이에 반해 셜리는 경제적으로 풍요로우며 최고의 문화적 소양을 갖추었을 뿐 아니라 박사학위까지 가지고 있는 뛰어난 음악가이다. 일견 백인

과 흑인의 구도로 보일 법한 두 성향은 왕좌에 앉은 흑인과 거실 바닥 의자에 앉은 백인을 보여줌으로써 이 영화가 앞으로 무엇을 말하려고 하는지를 명확하게 드러낸다.

영화 제목인 '그린 북'은 미국을 여행하는 흑인들을 위한 일종의 안내서 이름이기도 하다. 뉴욕의 우편배달부였던 빅터 휴고 그린(Victor Hugo Green)이 편집했다고 해서 그의 이름을 딴 '그린 북'(The Negro Motorist Green Book)이라고 불린다. 1936년부터 1966까지 해마다 증보되었던 이 책은 뉴욕을 중심으로 편집되다가 해를 거듭할수록 범위를 넓혀서 나중에는 북미 전체로, 다시 캐나다, 멕시코, 카리브해, 버뮤다제도 등 매우 넓은 지역을 대상으로 편찬된다. 이 책의 목적은 흑인들만 이용할 수 있는 식당이나 숙소 등을 소개하는 책자를 만들어서 흑인들이 편리하게 여행할 수 있도록 하려는 것이었다. 흑인에 대한 차별이 사회적으로 용인되던 시기였으므로 나올 수 있는 책이기도 했지만, 이 시기 흑인들에 대한 백인들의 강력한 사회적 편견을 나타내는 책이기도 했다.

손을 맞잡고 편견을 넘어서는 길

누구나 인간은 편견을 가지고 있다. 태어나면서부터 형성되는 우리의 생각은 다양한 환경과 요인에 의해 자신만의 생각을 만들어간다. 인생이란 어쩌면 수시로 변하는 생각의 여정을 지칭

하는 것일지도 모르겠다. 우리가 서로 다른 사람인 까닭은 서로 다른 생각을 하는 탓이리라. 나만의 생각을 가지고 있기 때문에 우리는 자신만의 정체성을 확인하고 살아간다. 모두가 같은 생각만을 가지고 있다면 인간이 아니라 기계일 뿐이다.

그렇지만 우리가 각양각색의 생각을 가진 인간이라는 점을 확인하는 것만으로는 세계가 구성되지 않는다. 끝내 양보하지 않는 자신만의 생각이 사회 구성원들과의 소통을 가로막는다면 우리는 그것을 편견이라고 부른다. 편견이 가득한 사람들이 아무리 많이 모여 있다 한들, 사회를 혹은 세계를 조화롭게 구성하는 것은 불가능하다. 중요한 것은 인간과 인간이 손을 잡을 수 있다는 점을 알고 실천하는 일이다. '손을 잡는다'는 말은 참 따뜻하면서도 깊은 맛을 느끼게 한다. 그것은 손을 잡는 사람 모두에게 서로 다른 생각을 넘어서 상대방을 이해하는 지점이 존재한다는 것을 의미한다. 어느 한쪽만의 생각을 버리는 것이 아니라 두 사람의 생각이 서로 어울려서 제3의 지점으로 나아가는 것, 그 지점들이 쌓이고 쌓여 새로운 지평을 넓혀가는 것이 바로 손을 잡는 중요한 의의가 아니겠는가.

손을 잡는 순간은 우리 마음속에 켜켜이 쌓여 거대한 지층으로 가라앉아 있던 편견의 파편들이 먼지가 되어 사라지기 시작하는 순간과 일치한다. 평생토록 그 편견의 파편들을 털어내지 못하고 금생에서의 삶을 마감하는 것도 우리 같은 중생들의 숙명이겠지만, 적어도 최선을 다해 털어내는 것 역시 중생들의 도리일 것이다. 편견의 파편 일부가 사라진 공간에 서서히 다른 사람의 생각을 담을 수 있다면, 그 순간 우리는 다른 사람의 손을 잡는 경험을 하게 된다.

우정의 의미

'벗'을 뜻하는 한자 '友'(우)는 참 묘한 글자다. 이 글자의 어원은 손을 맞잡은 모양에서 온 것이다. 사람과 사람 사이에는 간격이 있다. 그 간격은 신체의 거리이기도 하지만 동시에 심리적 거리이기도 하다. '손을 맞잡는다'는 일차적으로 신체의 거리를 없앤다는 뜻이지만 심리적 거리를 없애는 것에서 완성되는 행위다. 손을 잡고 있어도 마음의 거리가 좁혀지지 않으면 그저 표면적인 행위에 불과하지만, 마음의 거리가 좁혀질수록 손을 잡은 두 사람의 행위는 전혀 다른 차원의 관계로 변화한다. 멀리 있어도 마음이 가까우면 진정한 벗으로 느끼는 것은 바로 이 때문이다.

뜬금없이 벗에 대한 이야기를 하는 것은 협력의 기본 조건을 보여주는 중요한 인간관계로 보이기 때문이다. 우리는 보이지 않는 수많은 협력 관계 덕분에 세상을 살아간다. 그것은 동시에 '나'가 단독자로 존재하는 것이 아니라 수많은 타자들에 의해 구성되고 존재한다는 의미다. 돌아보면 나를 규정하는 것은 나 자신의 생각과 행위들이지만, 그것을 해석하는 것은 나를 둘러싸고 있는 존재들이다. 착하다, 어리석다, 따뜻하다, 깔끔하게 일을 한다, 잘생겼다, 다혈질적 성격이다, 우직하다는 등의 평가는 내가 하는 것이 아니라 나의 생각과 행동을 통해서 다른 사람이 내리는 것이다. 그러한 평가를 통해서 '나'라는 인간의 정체성이 구성된다. 다른 사람으로 인해서 내가 존재하므로, 우리의 삶에서 다른 사람(혹은 사물)과 협력하는 것은 생존의 일차적 조건이라 해도 과언이 아니다.

토니가 셜리를 처음 만났을 때 서로 다른 높이에 놓인 의자에 앉아 있다는 것은 서로 손을 맞잡을 준비가 되지 않았음을 보여준다. 그 높이는 그저 계단 하나보다 낮았지만 그들의 심리적 거리가 너무 멀었으므로 손을 잡을 수 없었다. 이런 상태에서 협력은 생각할 수조차 없다. 서로 다른 생각과 사회적 처지 때문에 이해하기도 어려운 상황이었다. 생각이야 어떠했든 셜리는 토니를 채용했고, 두 사람의 긴 여행이 시작된다. 충분히 예상되는 것처럼, 이 영화의 대부분은 둘 사이의 갈등과 화해로 이루어진다.

그렇지만 둘 사이의 갈등이 영화의 전부였다면 〈그린 북〉은 그리 감동적이지 않았을 것이다. 그들의 심리적 거리가 좁혀지면서 '손을 맞잡는' 순간 자신들을 둘러싸고 있는 사회의 거대한 불평등에 저항하기 시작한 것이다. 토니 자신도 백인 사회에서 변방에 속하는 사람이었지만, 셜리는 미국 사회에서 가장 낮은 자리에 위치한 약자였다. 백인들이 환호해 마지않는 피아니스트로서의 명성을 가진 흑인이라니, 이렇게 아이러니한 일이 또 있을까. 그 부조리와 사회적 불평등에 눈을 뜬 토니가 셜리와 손을 맞잡는 순간 그들 사이에는 강력한 저항력이 생겼다. 큰 손해를 감수하면서까지 예정되었던 연주회를 거부하는 장면은 사회적 편견과 불평등에 대한 두 사람의 '저항'이었다.

크리스마스에 셜리가 토니의 집을 방문하는 마지막 장면은 우리에게 흐뭇한 웃음을 선사한다. 그렇지만 여기서 우리가 간과하면 안 되는 부분이 있다. 두 사람이 웃으며 포옹을 하고 손을 맞잡았다고 해서 그들의 사회적 처지나 개인적 신념과 생각이 동일해졌다는 것은 아니라는 점이다. 서로 다름을 인정한 것이지 동일해진 것은 아니다. 서로 손을 맞잡는 협력의 힘은 여기서 출발한다. 서로의 생각이 다르다는 점을 인정하는 것, 이것이 바로 우리 마음속의 편견을 없애는 출발점이며 나아가 사회적 편견과 불평등을 넘어서 새로운 사회를 구성하는 출발점이다.

앞서 말한 우정 역시 같은 맥락에서 중요한 단어이다. 우정은 나이와 사회적 지위를 넘어서 인간 대 인간의 평등한 관계를 전제로 한다. 자신의 생각을 상대방의 눈높이에 맞추고, 상대와의 거리를 조율함으로써 새로운 관계를 만들어나가는 것이 바로 우정이다. 그것은 당연히 편견과 불평등을 넘어서 조화로운 세계를 만들어가기 위한 조건이다.

지역문화의 구심점 역할을 하는 문화원 역시 다를 바 없다. 한 지역의 문화원은 자신의 힘만으로 존재할 수 없다. 자기 지역의 문화적 특성을 연구하고 발현하는 행위는 반드시 다른 지역의 여러 문화원의 특성을 반영하면서 손을 맞잡을 때 비로소 작동된다. 지역의 다양한 구성원들이 서로 다른 생각과 삶의 태도를 인정하고 손을 맞잡을 때 문화원의 역할과 성과가 만들어지는 것처럼, 문화원 역시 다른 문화원의 활동과 특성을 인정하고 협업할 때 비로소 지역문화의 새로운 지평을 여는 기관이 될 수 있을 것이다.

협력은 상호 유사한 분야에서보다 서로 다른 분야와 생각의 만남에서 더욱 큰 효과를 낸다. 비슷한 분야 혹은 생각을 가진 사람들은 어깨를 걸고 나아가야 할 동지이지만, 서로 다른 분야는 동지가 되기 위한 지난한 조정 과정을 거쳐야 한다. 상이한 길을 걸어오면서 삶과 세계를 구성해온 사람들이기 때문에 하루아침에 뜻을 함께하는 동지가 되기는 어렵다. 최선을 다해서 둘 사이의 거리를 좁히려는 결단과 노력을 기울여야 한다.

다만 그러한 협력을 만들어내기 위해서는 용기가 필요하다. 그것은 자신이 서 있는 자리를 객관적이고 이성적으로 살피는 것이며, 자신과 다른 부분을 과감하게 인정하는 것이며, 이를 통해 세상의 편견에 맞서 싸우는 것이며, 이제까지는 없었던 세계의 질서를 새롭게 재구성하는 것이기도 하기 때문이다. 자신의 온 생애를 걸고 싸운 끝에 얻게 되는 소중한 발걸음이다. 이러한 작은 발걸음이 모여서 새로운 역사와 좀 더 나은 세상을 만들어낸다.

지역문화 행정기구는
새로운 거버넌스일 수 있는가?[1]

김상철 예술인소셜유니온 운영위원

협치와 거버넌스의 시대?

전통적인 행정 구조를 거번먼트(government)라고 할 때 이를 대체하는 거버넌스(governance)에 대한 논의가 나오는 것은 일차적으로 새로운 거버넌스에 대한 논의보다 기존의 거번먼트가 가지고 있는 한계에 주목하는 것이 타당하다. 그렇지 않으면 '어떤 것이 진짜 거버넌스인가?'라는 논란에 집중해야 하는데 이는 엉뚱하게 왜 과거의 것에서 변화해야 하는가라는 과제 자체에 대한 관심을 휘발시키기 때문이다. 거번먼트의 핵심적인 기능은

---

1 이 글은 전남 담양군 주최·담양군문화재단 주관으로 2019년 10월 4일 담양군 일원에서 열린 '문화현장 활동가포럼'에서 발표한 원고를 필자의 허락을 구해 재수록한다. 〈편집자 주〉

거버넌스론	구분	뉴거버넌스론
국정관리	관리론	신국정관리
신자유주의, 신공공관리	인식론	공동체주의, 참여주의
시장	관리 구조	공동체
결과(효율성, 생산성)	관리 가치	과정(민주성, 정치성)
공공기업가	관료 역할	조정자
고객지향	관리 방식	임무지향
경쟁 체제(시장 메커니즘)	작동 원리	협력 체제(참여 메커니즘)
민영화, 민간위탁	서비스	공동생산(민간 부문의 참여)
조직 내	분석 수준	조직 간

* 양승일, '뉴거버넌스론' 용어 해설(한국행정학회 행정학전자사전, 2013)

위에서 아래로의 통치 전달 체계다. 효율성을 극대화할 수 있고 전체적으로 단일한 비전(vision) 체계와 목적에 부합하도록 할 수 있다. 여기서 필요한 기제가 시민들의 뜻을 정확하게 전달할 수 있는 대의적 대표 체계다. 과거와 같이 정부 자체가 민간의 영역을 조정하고 관리할 필요가 있을 때에 적합한 모델이라고 할 수 있다. 하지만 70년대 말부터 소위 신자유주의 국면에서 행정은 정부의 유능함이 아니라 민간의 시장 기능을 촉진하는 것으로 방향이 전환된다. 이것이 전통적인 의미에서의 거버넌스다. 이러한 변화에는 시장의 자기 조정 능력에 대한 신화와 함께 정부가 생각보다 유능하지 않다는 역사적 경험이 중요하다. 그러나 이런 모델도 금방 한계에 직면했다. 소위 시장의 실패에 대해 정

78

부가 그 부담을 떠안는 일이 발생하는 것이다. 특히 내부적으로는 정부 기능에 대한 정당성의 근거인 시민이라는 당사자가 정부 기능에 대한 신뢰를 가지지 않게 되자 사실상 정부의 위기로까지 나타나게 되었다.

이런 반성을 통해서 나타난 것이 현재 우리에게 익숙한 거버넌스의 형태, 행정학계에서는 '뉴거버넌스'라고 부르는 형태다. 기존의 거버넌스와 뉴거버넌스는 인식론의 측면부터 관리 구조, 관리 가치 그리고 관료의 역할에 이르기까지 근본적인 차이를 보인다.

기존의 거번먼트를 신자유주의적 거버넌스의 방식으로 운영할 때 나타나는 문제점은 명확하다. 특히 문화행정에서 신자유주의적 전환은 예술의 산업화와 예술의 성취에 대한 우선적 지원이라는 형태로 나타났다. 한류나 국제화와 관련된 담론과 각종 비엔날레 등과 같은 컨벤션 사업들의 등장은 전자의 경향을 보여주고 후자는 공모사업의 형태로 나타난다. 문화예술에 대한 지원 사업은 많은 경우 구체적인 성과 중심의 지원 공모 구조였다. 이 과정에서 예술인들이 처한 사회적, 경제적 조건을 개선하기보다는 창작지원금이라는 형태의 개인화된 지원 구조를 통한 정책으로 강화되었다.

이런 문화정책의 거버넌스 구조는 한국의 문화행정에서 특히 강력한 경향성을 가진 흐름을 만들었다. 1972년 「문화예술진흥법」이 제정되면서 형성된 '1973년체제'[2]는 '제도-재원-운영조직'이라는 일직선의 구조가 핵심이다. 법에서 정한 장르 체계 역시 이 시기에 만들어진 것이고 이런 구조는 이후의 장르별 지원 체계라는 형태를 구축한 배경이 된다. 잘 보면 이런 구조가, '변화했는가'라는 질문이 무색할 정도로 지금까지 일반화된 형태라는 것을 알게 된다. 우리가 블랙리스트라는 이름으로 알고 있는 지원 배제 사건의 핵심은 특정한 정권의 속성과 특정한 인물의 전횡이 아니라 그것 자체가 작동할 수 있는 '구조'에 있는데, 바로 '1973년체제'라는 것이 그 원인이라고 할 수 있다.

　이런 관점에서 보면 현재 문화행정의 거버넌스는 독재 정부에서 만든 권위주의적 통제 수단으로 기능한 지원 구조와 1997년 이후 사실상 시장화된 문화정책의 흐름이 결합해 형성된 한국형 구조라고 할 수 있다. 이런 조건에서 「문화기본법」 제정 이후 장르별로 분화된 법률의 등장이나 외려 장르별 지원 구조를 답습한 지역문화, 생활문화에 대한 제도화가 진행되었다. 여기에 소위 거버넌스의 전환이 있었을까, 협치였다면 어떤 협치가 있는 것일까? 과연 지역의 문화/예술 현장은 이런 문화행정의 흐름에서 벗어난 대안적인 흐름을 만들고 있는가?

2　"1972년에서 1973년 사이, 그러니까 대한민국이 제3공화국에서 유신정권(제4공화국)으로 넘어가던 바로 그 시기에 문예진흥법(제도)-문예진흥기금(재원)-문예진흥원(운영조직)의 삼각 편대로 이뤄진 근현대적으로 제도화된 예술 지원 시스템이 본격적으로 도입된 것이다. 임의적으로, 이 시스템을 1973년 체제라고 부르자." 염신규, "유신정권이 만든 '예술지원시스템'의 무의식, 그리고 전환", 미디어스, 2015. 3. 26. 〈http://www.mediaus.co.kr/news/articleView.html?idxno=47528〉

1부 '서로 손잡기'는 예술이다

문화예술정책의 변화

구분	특징	내용
1970~1980 년대	문화예술정책의 등장과 성장	• 1972년 문화예술진흥법 제정 • 문화예술진흥원 개원 • 문예중흥5개년 계획 • 전통문화 계승, 민족문화 창달, 예술 진흥
1990년대	문화복지와 세계화	• 문화복지 개념의 등장과 문화향유권 확대 • 문화체육부 폐지와 문화관광부 신설 • 지역문화재단의 등장과 문화를 통한 지역 간 균형발전론
2000년대	문화 비전 수립과 예술행정 체계 정비	• 정부예산 중 문화 부문 예산 1% 돌파 • 최초의 중장기 문화 비전 '창의한국' • 독임제 기구였던 한국문화예술진흥원을 합의제 기구인 한국문화예술위원회로 전환
2010년대	문화예술정책의 팽창과 퇴행	• 문화의 사회통합 기능 강화 • 국공립 예술단체 법인화 • 문화기본법, 지역문화진흥법 제정 • 블랙리스트 사태와 검열의 제도화 • 문화협치의 등장과 지역분권화

최근	문화예술
	거버넌스와
	문화민주주의
		• 블랙리스트 사태 이후 표현의 자유 문제의
		  전면화
		• 지원 사업 중심의 문화예술정책의 한계
		• 중앙정부 중심의 전달 체계가 아닌 지역
		  기반의 새로운 문화예술정책
		  구조
		• 문화민주주의의 전면화와 새로운 문화예술
		  중장기 계획의 필요
		• 예술인 권리 보호와 시민문화권의 확대

* 하장호, 「지역문화와 지역문화재단」(부산 금정문화재단 토론회, 2019)

[보론] 지역문화 행정기구는 새로운 거버넌스일 수 있는가?

사실 '지역문화/현장'에 대해 이야기를 한다면 한국의 '문화/예술정책'[3]이 가지고 있는 어떤 통치의 구조들, 이를 통상 레짐 (regime)이라고 부르는데, 문화예술행정의 레짐에 대한 고민이 전제될 필요가 있다. 그러면 다음과 같은 구도들이 만들어진다.

- 중앙정부(문화기관) ─ **예술인** ─ 지방정부(문화기관)
- 중앙정부(문화기관) ─ **지방정부(문화기관)** ─ 예술인
- 지방정부(문화기관) ─ **중앙정부(문화기관)** ─ 예술인

덧붙이고 싶은 문제의식은 한국의 문화예술행정 레짐의 특징상 위의 관계도 중 어느 것 하나도 배제할 수 없고, 각각의 관계도에서도 어떤 요소 중 하나라도 배제할 수 없다는 것이다.

지역문화기구의 난맥들

좀 더 구체적으로 지역문화기구의 문제로 들어가보자. 앞서 나열한 세 가지 관계망에서 현재 지역문화기구의 성격은 기본적으로 중앙정부와 지방정부 그리고 예술인이라는 세 가지 요소 사이의 관계망에 놓여 있다는 점이다. 그리고 문화기구 간의 관

---

3   앞서 지역문화/현장이라는 표현과 마찬가지로 실제로는 바로 이어붙지 못하는 현실이 개념적으로는 붙어서 논의되고 있는 현상을 드러내기 위해, 미끄러짐의 표현으로 사선(/)을 넣었음을 밝힌다.

계 역시 수직화된 집행 체계 안에서 세로로 늘어놓은 형태의 변형만 존재한다. 일례로 서울시의 경우만 하더라도 대개 서울문화재단을 우회해서 전달하는 체계를 가지고 있고 가끔 직접 기초문화재단과 연결될 뿐이다. 그러다 보니 서울문화재단과 기초문화재단은 서울시 사업에서 보조사업자의 위치에 놓이게 되는데 이런 구조 탓에 재단과 연결되는 예술인이나 지역 주민과의 관계까지 보조 사업자의 사업 참여자 정도로 축소된다. 이로써 지역문화기관인 문화재단은 수탁기관, 용역기관으로 전락한다.

수탁기관화된 지역문화기구 구조

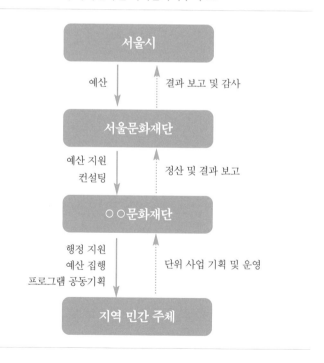

[보론] 지역문화 행정기구는 새로운 거버넌스일 수 있는가?

문제는 이렇게 관계망이 수직적이라고 하더라도 지역 및 현장의 예술인들이 이를 고려해 지역의 문화기관에 전향적인 태도를 가져줄 것이라는 기대를 갖기 어렵다는 것이다. 사실 많은 경우, 몰라서가 아니라 알고 있음에도 발생하는 갈등이 지역문화기구를 둘러싸고 벌어진다. 왜 그런가? 앞서 신자유주의적 거버넌스가 가진 가장 파괴적인 효과는 단순히 문화예술의 시장화라는 말이 아니라, 공공서비스의 최종적인 발신자와 그것을 수신하는 예술가와 시민(때때로 지역주민으로 등장하는) 간에 적대 관계를 만들어낸다는 데 있다. 실제로 소비자는 언제나 생산자를 의심한다. 특히 개별적인 공모 구조로 연결된 예술인과 문화기구 간의 관계라는 것은 언제나 일방성을 지닐 수밖에 없다. 왜냐하면 문화기구라는 집단을 만나는 예술인들은 언제나 개인으로서 존재하기 때문이다.

　2019년 초에 있었던 서울문화재단의 논란은 이런 관계를 단적으로 보여준다. 현장 예술인들은 블랙리스트를 겪으면서 크게 민감해진 상황인데도 문화기구는 예의 '내부적 사정'에 근거해 대응했다. 하지만 정책의 소비자로서 예술인들이 문화기구의 사정을 존중하거나 고려할 이유는 존재하지 않는다.

　　공연기획자 A씨는 4월 말 대학로 한 극장에서 공연을 올릴 계획이었다. 제작비 마련을 위해 올해 초 서울문화재단의 '예술지원사업' 공모에 지원했다. 그러나 3월 중으로 발표가 날 것으로 예상했던 공모 결과가 나오지 않아 난처해졌다. 극장에 계약금까지 지불한 터라 대관

기간을 변경하려 했으나 극장에서 이를 거부해 계약금도 포기하고 공연까지 중단해야 하는 상황에 처했다.

최근 공연계는 서울문화재단 '예술지원사업' 정기 공모 지연 사태의 후폭풍을 겪고 있다. 지원을 통해 공연을 준비해온 연극을 중심으로 "예술 생태계가 무너지고 있다"는 우려가 나오고 있다. 지원사업에 따라 세운 '1년 예술농사 계획'이 서울문화재단의 일방적인 결정으로 차질을 빚게 됐기 때문이다.

―장병호 기자, "서울문화재단에 뿔난 예술가들, 왜?"

(『이데일리』 2019년 4월 16일자)

특히 개별 예술인들은 모두 각자의 사정이 존재하는데도 문화기구는 행정 원칙대로 극히 관성적인 대응에 멈췄다. 이런 인식 차이는 잠재하고 있던 문화기구에 대한 불신을 더욱 강화켰다. 서울문화재단을 둘러싼 갈등은 최근 혜화동에 마련 중인 문화재단 이전 공간에 대한 갈등으로 이어졌다. 문화기구의 의도와 예술인들의 상황은 끊임없이 미끄러졌다.

그런데 이런 논란의 배경에는 관성적인 지역문화기구의 조직 문화가 있다. 실례로, 지방선거가 끝나면 언제나 지역문화기구의 대표 등에 대한 인선 문제를 둘러싼 갈등이 불거지는데, 최근 인천문화재단의 갈등은 혁신위원회 구성으로까지 나갔으나 혁신위원회에 참여한 비판 그룹이 다시 비토의 대상이 되는 역설적인 상황에 부딪혔다. 물론 이런 상황이 꼭 문화기구의 구태의연함으로만 설명할 수 있는 것은 아니다. 지역문화기구를 둘러싼 정치권력의 개입이라는 측면 외에 지역의 문화예술계가 가지고 있는 배제성 역시 고려해야 한다. 하지만 선후 관계를 살펴본다면 역시 지역단체장의 논공행상이나 혹은 코드 인사라고 부를 수 있는 관행을 우선적으로 따져볼 수밖에 없다. 2014년 천안문화재단을 둘러싼 갈등 역시 어느 정도는 극단적인 사례에 가깝지만 이와 같은 논란을 정확하게 드러낸다.

> NGO센터는 (천안)시가 민간 문화예술 전문가가 아닌 퇴직 공무원을 배치함으로써 경직된 조직 문화를 만들고, 지나치게 행정의 의존성만 높였다고 분석했다.
> 또 풀뿌리 문화 사업을 위한 노력보다는 흥 타령 춤 축제 중심으로 운영했으며, 재단 설립 운영 과정에서 지역 문화예술계와의 소통도 부재했다고 보고서에 적시했다.
> 흥 타령 축제와 관련해서는 폐지와 존속 의견이 공존하는 가운데 예산이 과다하고 콘텐츠가 부족하며, 시민들의 자발적 참여가 부족하다는 의견이 주를 이뤘다고 밝혔다.
> —원세연 기자, "존폐 논란 천안문화재단 문제점·대안 보고서
> 들여다보니"(『대전일보』 2014년 9월 2일자)

여전히 지역문화기구의 운영과 구성에 대한 합의가 부재한 상황에서 단체장의 교체 시기마다 반복적으로 나타나는 갈등은 지역문화기구가 가지고 있는 거버넌스 기구로서의 취약함을 그대로 보여주는 사례라고 할 수 있다. 그런데 이런 한계는 사실 기

존의 시설관리공단을 전환하여 만든 문화기구의 태생적인 한계와 더불어 문화재단이 예술인의 문제를 해결하는 수단이 아니라 행정의 문제를 해결하는 수단으로 전용되는 관행 탓이 크다. 최근 대구 수성구에서 문화재단을 만들면서 나타난 쟁점은 이를 단적으로 보여준다. 그러니까 수성구에 필요한 신규 인력을 채용하기 위한 우회적인 방식으로 문화재단을 설립한다는 것인데, 이런 행정의 목적은 지역 예술인들의 입장에서 보았을 때 본말이 전도된 논쟁에 가깝다.

> 수성구 관계자 답변은 총액인건비제와 도서관 인력 수급 문제에 집중됐다. 김대권 수성구 부구청장은 "재단을 만들지 않곤 문화시설을 이끌어갈 대안이 없다고 본다"면서 "공무원 TO(인원 편성)가 없는 상황에서 그쪽(문화시설)으로 (공무원을) 넣을 수 있느냐. 그건 불가능"이라고 인력 수급 문제가 재단 설립에 가장 큰 장점이라는 듯 답했다.
> 대구시에서 문화체육관광국장을 지낸 바 있는 김 부구청장은 "대구시에 있으면서도 재단을 많이 만들어봤다"면서 "주민들이 가장 바라는 것이 문화교육 서비스인데, 구청이 직접하면 거기에 필요한 인력이 총액인건비 TO가 있다(제한된다)"고 덧붙였다.
> 대구시에서 문화재단 설립 관련 주요 업무를 책임졌던 김 부구청장이 문화재단 설립이 총액인건비를 우회해 문화시설을 운영할 방법이라고 강조한 셈이다. 김 부구청장은 이 자리에서 여러 차례 총액인건비제를 언급하면서 현실적인 대안이라고 주장했다.
> ─이상원, "북구문화재단 설립, 총액인건비제─구청장 이사장

블랙리스트 사건에서 불거진 다양한 불공정의 문제는 사실 지역문화기구의 차원에서 보면 외려 익숙한 관행에 가까운 것이다. 하지만 블랙리스트 이후 예술 현장은 그 전과 확실히 다른 정서적 특징을 보인다. 문제의식들이 과거에 비해 더 빠르게 전파되고 공론의 장에 등장한다는 것도 그 중 하나의 특징이다. 이와 같은 변화에도 불구하고 지역문화기구의 전환은 거의 불가능하거나 미약한 실정이다.

지역문화기구와 지역 예술 현장과의 관계가 새로운 거버넌스, 즉 협치적 거버넌스로 전환하기 위해서는 기존의 시스템을 그대로 둔 채 피상적인 소통을 강조하는 것으로는 달성되기 어려운 조건이다. 역설적으로 지역 현장의 예술인들이 지역문화기구에 편입되더라도 갈등을 완화하기는커녕 오히려 문제가 증폭되는 일이 빈번한데, 이는 몇몇 인적 구조의 개선만으로는 지역문화기구와 예술인들의 관계가 바뀌지 않는다는 것을 보여준다.

공공기관은 문화예술의 꿈을 꿀 수 있는가?

개인적으로 참여예산제와 관련하여 '참여예산학교'나 예산에 대한 시민들의 검토 과정 등에 직접적으로 참여한 지 9년 정도가 되었다. 최근에는 주민자치회 등 동 단위의 주민자치 기능이 전면화되는 행정 변화가 이루어지고 있는 상황이다. 청년정책과 관련해서는 청년 당사자 단체들이 지역별로 '청년정책네트워크'를 구성했는데 서울시의 경우에는 청년 당사자들이 배분할 수 있는 500억 원의 예산을 배정하여 청년 시민의회 방식으로 광범위한 참여기구를 만들고 이를 구체적으로 지원하고 선정 사업을 집행할 수 있는 행정기구로서 청년자치정부라는 부서를 만들었다. 청년문제를 해결하기 위한 사업들을 제안하고 이에 예산을 배정하는 것을 넘어서서 아예 집행을 독자적으로 하는 모델로까지 나가고 있는 것이다.

도시개발 영역에서는 이미 도시재생이라는 이름의 사업이 전국적으로 확산되어 진행 중인데 매우 형식적인 틀이긴 해도 해당 지역 주민들로 구성된 주민협의체가 만들어지지 않으면 애초부터 사업 진행이 되지 않도록 되어 있다. 마을공동체 사업의 경우에는 다양한 주민 공모 사업을 진행하는데 이들은 이미 배정된 항목별 예산을 전용할 수 있는 자율성을 가진다.

그런데 문화예술기구의 경우에는 위와 같이 다른 분야의 행정에서 도입하고 있는 당사자의 참여나 운영 과정에서의 융통성을 찾아보기 힘들다. 여전히 관료 중심의 행정환경이 유지되고 있으며 지역문화기구와 지역 예술인들은 일대일의 수직적인 공모 사업 구조의 상하 관계에 위치해 있다. 여전히 지역문화정책은 관료들에 의해 만들어지고 지역문화재단은 사업을 위해 다른 기관으로부터 사업을 '따'와야 하며 이 사업이 지역 예술인들과 갈등이 벌어지더라도 사업 변경에 대한 권한이 없으므로 갈

등 구조가 해소되지 않는다.

　여전히 지역의 문화예술 생태계는 예술인들이 예술인 당사자이자 시민(지역주민)으로서 행정 과정에 참여하기보다는 사적인 관계망의 이해관계자로서 비공식적인 문제 해결 방식을 선호하고 있다. 또한 지역문화기구를 순번제와 같이 이해하면서 문화기구를 진부하게 만든다. 이런 상황에서 지역문화기구와 지역 예술인들 간의 새로운 거버넌스가 만들어질 수 있을까.

　지역문화기구와 지역 예술계가 상호협력적 거버넌스를 만들기 위해 가장 필요한 것은 서로의 파트너십을 구축하는 것이다. 이를 위해서는 단순히 관계의 개선만으로는 안 되고 구체적인 권한과 책임의 분점(分占)이 필요하다. 개별화된 공모 지원 구조가 아니라 예술인 스스로가 문제와 과제들을 만들고 직접적으로 예산을 배분하는 과정이 필요하다. 재정적으로 보면 공모 사업은 예산을 집행하는 다양한 방법 중 하나일 뿐이지 그 자체가 불변의 어떤 것은 아니다. 최근 〈2020년 문화체육관광부 성과계획서〉를 본 적이 있는데 대부분의 성과 지표가 사실상 공급 위주의 내용으로 채워져 있는 것을 확인했다. 공급으로 달성되는 지표가 있는 한 문화예술기구가 예술인들과의 파트너십을 형성하기 어렵다. 또한 문화기구의 대표를 선정할 때 최소 3배수부터는 공개적으로 선정 절차를 거치는 등 제한적이나마 대표성을 획득할 수 있는 선발 과정을 거치는 것이 필요하다.

현행 : 사무처 중심

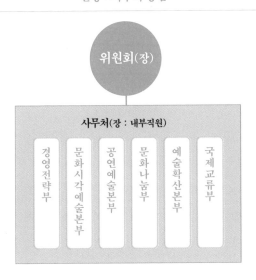

개선안: 소위원회 중심

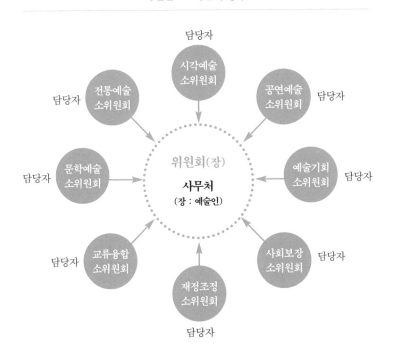

[보론] 지역문화 행정기구는 새로운 거버넌스일 수 있는가?

앞 장의 그림은 블랙리스트진상조사위원회가 제안한 한국문화예술위원회의 조직 구조 개편안이다. 이런 변화는 네트워크형 조직 구조를 분명하게 보여준다. 다만 여전히 장르별 지원 구조를 기본으로 하고 있다는 것이 아쉽다. 그럼에도 불구하고 블랙리스트 이후 문화기구의 새로운 상에 대한 제안 중에서 가장 기본적인 모델이라고 할 수 있다. 이를 지역문화기구에 대입해보면 어떤 과제들이 나올까.

앞서 문화예술행정과 예술인이 맺는 복합적인 관계에 대해 세 가지 관계망을 제시한 적이 있다. 각각 중간의 값을 중심에 놓고 좌우의 대상과 어떤 관계를 맺는 것이 적절한지에 대한 고민을 해볼 때다.

- 중앙정부(문화기관) — **예술인** — 지방정부(문화기관)
- 중앙정부(문화기관) — **지방정부(문화기관)** — 예술인
- 지방정부(문화기관) — **중앙정부(문화기관)** — 예술인

이 과정에서 이미 거버넌스의 전환이 이루어지고 있는 문화예술 외의 정책 영역들을 좀 더 참고할 필요가 있다. 그리고 왜 문화행정의 변화는 그에 미치지 못하는지에 대한 진단을 해봐야 한다. 적어도 출발점은 중앙정부든 지방정부든 문화행정이 다른 영역보다, 더 직접적으로는 토건 사업을 담당하는 도시개발 영역보다 거버넌스 측면에서 뒤쳐져 있다는 것이다. 일차적으로 거버넌스의 전환은 기구가 바뀌는 것과 병행할 수밖에 없

다. 그런데 아무리 봐도 천편일률적인 문화기구밖에 보이지 않는다. 이런 상황에서 예술 현장과 새로운 거버넌스가 만들어질 리가 없다.

사람과 사람을 잇는 힘

"사람을 움직이게 하는 것은
자기 생각의 전환을 만드는 사건을
만날 때이다.
그 사건이 사람이 될 수 있다고 본다.
이를 '사건적 사람'이라 칭한다면
스케이트를 타는 것처럼
문화적 관점과 태도가 몸에 장착되는 것,
이것이 배움이고
그런 이들이 문화 인력 아닐까."

김월식·임재춘 「(대담) 지역의 수요에 맞는 인재를 길러내는 법」 중

욕망하는
기획자

세상을 보는 기획의 시선

김
정
이

비
커
밍
콜
렉
티
브
 대
표

욕망하는 식물: 사과, 튤립, 대마초, 감자

『욕망하는 식물』(마이클 폴란 저,
이경식 역, 황소자리, 2007)

『욕망하는 식물』은 사과, 튤립, 대마초, 감자에 대한 이야기를 담고 있다. 마이클 폴란(Michael Pollan)이 쓴 진화식물학 논픽션으로, 네 가지 식물이 달콤함, 아름다움, 도취, 배부름에 대한 인간의 욕망을 충족시키면서 인간과 식물이 서로 함께 '길들여온' 공진화의 여정을 양쪽의 시각으로 탐구한 책이다.

이 책을 읽기 전 '사과'는 그저 백설공주에 나오는 소재이거나 언제든 먹

97

을 수 있는 흔해빠진 과일이었다. 그나마 사과를 빼고 나면 튤립, 대마초, 감자는 내 일상과는 아무런 관계도 없는 그저 식물일 뿐이었다(개인적으로 감자를 안 좋아한다).

어느 날 누가 이 책을 읽어보라고 선물로 주었다. 표지의 타이포그래피가 강렬했고, 단아한 책 디자인이 맘에 들었다. 그 중에서 제목이 불러일으키는 호기심은 강렬했다. 책을 펼치자마자 「서장-인간 꿀벌」이란 목차가 보였고, 서장의 내용에 매료된 나는 단숨에 책을 읽어나갔다.

되어가는(becoming) 기획자

지금의 '나'는 10년 전의 '나'와 같은지, 혹은 일주일 전의 '나'와 같은지 생각해보자. '나'란 변하지 않는 '있는(being)' 그대로의 존재라고 생각하는지, 아니면 지속적으로 변하며 '되어가는(becoming)' 존재인지. 지금의 나는 단연코 후사라고 생각한다.

그러나 『욕망하는 식물』을 읽기 전까지는 내 스스로가 되어가는(becoming) 존재라고 생각하지 않았다. 더군다나 식물이 변해왔다고는 상상조차 할 수 없었다. 100년 전의 사과, 100년 전의 감자가 지금의 사과, 감자와 달랐다니. 끊임없이 변화(becoming)하며 인간에게 뿌리칠 수 없는 매력적인 욕망을 발산해 인간으로 하여금 꿀벌처럼 자신들을 보살피게 했다니. 어찌 보면 말도 안되는 이야기인데 이 책은 도저히 반박할 수 없을 정도로 치밀하게 식물이 인간을 길들여온 과정을 논리정연하게 전개해간다.

카자흐스탄의 야생 사과가 실크로드를 따라 아시아와 유럽을 거쳐 마침내 북아메리카에 상륙하는 과정에서 사과는 신맛을 달콤한 맛으로, 게다가 색깔까지 변화시키며 지구 절반의 땅에서 황금기를 누리고 있다. 그런가 하면 대마초는 1980년대 레이건(Ronald Reagan) 정부의 대대적인 '마약과의 전쟁'을 피해 암스테르담의 은밀한 실내 정원 속에서 할로겐전구 빛으로 재배된 이후, 자연 속에서 고작 2~3%였던 향정신성 물질 테트라히드로칸나비놀(THC)을 20% 이상 함유하며 변신에 성공한다. 전 세계에서 가장 비싼 식물이 된 셈이다.

사과와 대마초처럼 혹은 튤립과 감자처럼 『욕망하는 식물』은 단 한 권의 책일 뿐이지만 이 책을 읽기 전의 '나'와 이 책을 읽은 후의 '나'는 완전히 다른 '나'로 변화했다. 첫째, 이전의 나는 세상을 딱딱한 콘크리트처럼 변하지 않는 '무엇'이라고 생각했고, 나를 다치지 않게 하기 위해 공격과 방어의 두 가지 태도로 세상을 대해왔다. 그러나 이 책을 읽은 후 나는 거리에서 잡초를 보면 그 안의 욕망을 궁금해하고 잡초가 나를 어떻게 길들일지 상상하는, 삶이 즐거운 사람이 되었다. 그렇게 변화한 후 나는 생각했다. 식물도 인간을 길들이고 변화해가는데 사람과 사람은 어떻지?

그 뒤 현대물리학 강의를 들었다. 현대물리학은 '존재(being)'가 아닌 '생성(becoming)'의 세계를 밝히고 있었다. 베르그송(Henri Bergson)과 랑시에르(Jacques Ranciere), 들뢰즈(Gilles Deleuze), 비트겐슈타인

(Ludwig Wittgenstein), 한나 아렌트(Hannah Arendt), 비고츠키(Lev Vygotsky)의 세계와 만났다. 단 한 권의 책과 만난 후 나는 엄청난 속도로 변했다. 이 책뿐만 아니라 돌이켜보면 근원적으로 나를 변화시킨 두 분이 계셨고, 퍼포먼스 전시와 공연, 대화, 여행도 현재의 나를 있게 한 중요한 계기였다고 생각한다. 변화한 만큼 세상은 다르게 다가왔고, 다르게 읽혔고, 나는 다르게 행동했다.

이 글을 읽는 당신도 가만히 눈을 감고 생각해보면 어느 순간, 어떤 사람, 어떤 사건과 만난 후 삶 전체가 빠른 속도로 이전과 다르게 변한 경험을 떠올릴 수 있을 것이다. 그 순간이 '비커밍'의 찰나다. 혹은 느린 속도라도 삶은 계속 비커밍의 상태로 모든 것을 변화시킨다.

사용자 경험(UX, user experience), 인문학(人文學), 문화 기획, 통합 예술교육 등 분야마다 다양한 말들이 사용되지만 '욕망하는 식물'의 전략에 대한 이야기라는 점에서 나는 결국 다 같은 이야기라고 생각한다. 나를 변화시키는 전략이야말로 상대를 변화시킬 수 있는 유일한 전략이다. 사용자 경험을 설계하기 위해서는 사용자의 경험이 아닌 내 경험이 먼저 있어야 한다. 인문(人文/人紋) 즉 사람에게 새겨진 삶의 무늬를 읽기 위해서는 오로지 내가 겪어서 새긴 무늬에 대해 이해해야만 가능하다. 문화 기획도 그렇다. 당사자 주체의 욕망 없이 타자를 위한 문화 기획은 가능하지 않다. 통합 예술교육은 단순히 연극 더하기 미술의 교육이 아닌 연극 안에서 미술성을 발견하거나 미술 안에서 연극의 성질을 발견하는 일이다. 이래야만 진정성 있게 타자와 조우할 수 있게 된다. 그러나 현재 대다수의 문화 기획은 '나' 없는 '너'의 이야기로 가득 차 있다.

욕망하는 기획자 : 세상을 보는 기획의 시선

나는 2017년 '제주문화기획학교'에서 학교형(6개월 이상의 관계와 태도를 형성하는 과정중심적 시스템으로, 실무와 테크닉을 가르쳐주는 코스[○○과정]형 양성 시스템과 대비되는 개념임) 양성 시스템을 설계하고 과정에 대한 실험을 진행한 이후 꾸준히 원주관찰사, 행화백년, 도봉 비커밍콜렉티브 등에서 기획자 양성과 관련된 실험을 해오고 있다.

문화 기획자 양성 과정에서 사례 연구, 기획서 쓰기, 예산 편성 같은 실무 위주의 내용이 중심을 차지하고 있다면 나는 반대한다. 그것은 기법과 관련된 어떤 툴(tool)에 대한 것들인데, 예를 들면 영어, 엑셀, 파워포인트 같은 것이다. 스워트(SWOT) 분석, 액션 플랜(action plan), 디자인 싱킹(design thinking) 같은 것들도 기법처럼 다룬다면 그것에도 반대한다. 그것들은 그저 단지 툴일 뿐이다. 툴은 망치나 칼, 자동차나 볼펜 같은 것이다. 그것들을 쓰기 전에 먼저 무슨 일을 하고 싶은지에 대해 담담히 이야기 나눠야 한다고 생각한다. 의외로 자신의 욕망과 솔직하게 마주하는 일이 쉽지 않을뿐더러 시간도 정성도 오래 들여야 한다.

그러고 나면 본인이 스스로 자신의 껍질과 세계를 깨고 나오

101

기 시작하는 조짐이 보인다. 스스로가 스스로를 깨고 나올 때까지 따뜻하게 보듬어주고, 톡톡 건드려주는 일이 기획자 양성과정의 본질이다. 미래의 동료인 나는 스스로 깨고 나올 껍질을 따뜻하게 해줌으로써 내 온도와 껍질 안의 온도를 맞춰나가는(그것이 비커밍이다) 과정을 수행할 뿐이다.

수많은 기획서들이 문화예술이 사람들을 위한 것이라고 쓴다. 예술은 좋은 거고, 그래서 일단 한번 해보면 자존감도 높여주고, 커뮤니케이션도 잘하게 하고, 사람들 간의 갈등도 해소한다고 한다. 거의 예술은 인성 개조 머신인 양 싶다. 그렇다면 왜 수많은 예술가들은 삶의 부조리함을 논하고, 적응하지 않으며, 역사 속에서 쓸쓸히 죽어간 존재들이 그토록 많은 것인가. 뛰어난 예술가들은 왜 스스로의 예술이 그 자신을 구원하지 못한단 말인가.

그래서 '내'가 빠진 기획, 나의 욕망이 보이지 않은 채 남을 위한다는 기획은 헛된 망상에 가까운 소리들만 늘어놓을 가능성이 높다. 그래서 우리는 '양성'될 리 없는 것에 대한 기대를 버리고 자신의 변화, 타인의 변화, 그럼으로써 함께 변화하여 '되어가는' 존재로 만나는 그 일에 대해 고민해봐야 한다.

『욕망하는 식물』의 서장은 이렇게 시작된다. "나는 어느 날 정원에서 꽃에 물을 주다 고민했어⋯." 물을 주다 갑자기 생각하는 이런 '쓸모없는 질문'이야말로 기획자에게 있어 가장 중요한 능력이다. 이 질문에는 기획자에게 필요한 모든 것이 갖춰져 있다. 물을 주는 당사자인 나의 이야기로부터 시작하고, 그 이야기는 아주 미세한 일상의 영역에 존재한다. 더욱 중요한 점은 한 번도

2부   사람과 사람을 잇는 힘을 위하여

던져진 적이 없는 아주 엉뚱한 질문이라는 것이다. 이 부분은 연구로 치자면 필요성과 가설 같은 시작 지점이다. 일종의 리서치인데 단순한 아주 단순한 상상에서 질문을 던지고 가설을 설정하는 놀이라고 볼 수 있다. 기획자 되어가기의 시스템은 이렇게 질문하는 '놀이법'을 즐기도록 도와주는 과정으로 설계된다. 그다음 질문에 대한 답변을 찾아가는 여정은 현장 기반의 자료수집, 집요함과 성실함을 통해 성취된다.

랑시에르는 "무언가를 혼자 힘으로, 설명해주는 스승 없이 배워보지 못한 사람은 지구상에 한 명도 없다"고 한다. 학습자가 스스로 배우는 과정을 '보편적 가르침'이라 하는데, 개인을 지적으로 해방시키는 것은 바로 스스로 배움의 주체가 되는 '보편적 가르침'이다. 개인은 "자신이 받은 지적 해방의 혜택을 다른 이들에게 알림으로써 남을 도울 수" 있다고 한다. 독자성을 늘 유지한 채 살아오고 있어 양성되어본 적이 없는 나는 그저 나의 경험을 공유하는 것으로 남을 돕고 있는 중이다. 랑시에르는 지식을 전달하지 않고 보편적 가르침을 향해 찾아가도록 돕는 사람을 '무지한 스승'이라고 말한다. 나는 아직까지 무지한 스승의 역할을 썩 잘해내고 있다고 스스로를 치하한다. 무지한 스승은 모두가 비커밍될 수 있다는 것을 무한히 '신뢰'하는 스승을 의미한다. 한마디로 무지한 스승도 기획자 되기 과정에 동참한 사람들도 모두 미생(未生)인 존재이다. 그저 좀 덜 미생인 상태로 우리는 함께 공진화한다.

참고로 '되어가는' 기획자들을 만들기 위해서는 이 과정을 '신뢰'하는 '무지한 행정'이 반드시 필요하다. 세상을 보는 기획의 시선을 만들어내는 무지한 행정과 무지한 스승이 많이 나오길 바랄 뿐이다.

지역의 수요에 맞는
인재를 길러내는 법

청년 기획자, 외부 아웃소싱, 예술가 연결하기

• • • • 대담
  김월식(경기문화재단 다사리문화기획학교 교장)
• • • • 정리
  임재춘(문화기획자, 생활적정랩 삐꼼 대표)

사건적 사람

_____ "사람을 움직이게 하는 것은 자기 생각의 전환을 만드
는 사건을 만날 때이다. 그 사건이 사람이 될 수 있다고 본다. 이
를 '사건적 사람'이라 칭한다면 스케이트를 타는 것처럼 문화적
관점과 태도가 몸에 장착되는 것, 이것이 배움이고 그런 이들이
문화 인력 아닐까."

편집자 주   '다사리문화기획학교' 교장이자 지역문화 인력 양성 과정 안양 총괄 멘토인 김월식 작가
와의 대화는 제도권에서 이뤄지는 인력 양성 사업에 대한 비평뿐만 아니라 문화적 역량, 성장, 시스템, 개
념과 방향 등 전체적인 시각에서 요즘을 되돌아보는 시간이었다. 일일이 모든 이슈를 상세하게 다루지는 못
했지만 그가 '김월식스러워진' 사건들을 따라가보면 나의 사건들이 겹쳐지기도 하고 생뚱맞은 기억들이 새
삼스레 떠오르기도 했다. 이런 '간증'은 우리 각자가 무엇을 생각하고 어떻게, 어느 방향에서 보아야 할지
색인이 되어주곤 한다.

105

임재춘 지역 현장에서 활동하면서 예술가, 문화 기획을 하는 이
들이 좀 더 나아가야 하지 않을까 하는 고민이 시작된 계기 같
은 게 있었나요?

김월식 내가 같이 일할 사람, 일하고 싶은 사람이 없었다는 게
가장 컸을 거예요. 학연이나 지연으로 만나면 위계가 생겨요.
그러한 것을 넘어서 가치지향적인 대화가 가능하고 이것을 전
제로 동의를 구할 수 있는 사람, 설사 나이 등으로 위계가 생
기더라도 함께 즐겁게 일할 수 있는 사람이 그리웠던 것 같아
요. '스톤앤워터'[1]와 '리트머스'[2]에서의 작업이 그런 경험이었
어요. 거길 들어갔던 이유가 그런 사람들을 만나고 싶어서였
을 겁니다. 그 시기에 쌓인 경험이 바탕이 되고 자신감이 쌓이
면서 '무늬만커뮤니티'[3]를 구성할 수 있었어요.

---

1   안양시 석수동(2002~). "'생활 속의 예술', '공공성', '지역성', '생태성' 등을 주제로 한 국제 규모
    의 공공 예술 프로젝트를 줄곧 진행하며 전국적인 벤치마킹 대상으로 주목받아 왔다." (류설아 기자,
    "박찬응 안양 스톤앤워터 관장, 일맥아트프라이즈 수상자로 선정",「경기일보」, 2012년 10월 15일자.
    〈http://www.kyeonggi.com/news/articleView.html?idxno=615753〉)
2   안산시 원곡동(2008~). "그 뒤에는 안산시 원곡동에 자리 잡고 다문화 관련 문화예술 활동을 지속하
    고 있는 '커뮤니티 스페이스 리트머스'가 있다. 이곳은 새로운 삶과 예술을 실험하고자 하는 예술가,
    이주민, 전시기획자, 시민운동가 등이 함께 모여 운영하는 공동체 공간이다." (시정민 기자, "안산시 원
    곡동 '커뮤니티 스페이스 리트머스' 유승덕 이사—이주민들의 삶과 예술을 아우르는 공간",「top-
    class」, 2011년 4월. 〈https://topclass.chosun.com/board/view.asp?catecode=J&tnu=
    201104100004〉)
3   수원시 지동(2010~). 고도의 압축 성장을 통하여 대한민국의 산업화 과정을 함께한 커뮤니티의 전체
    주의적 목적성을 경계하며, 발전과 성장의 동력이자 조력자로서의 개인의 가치에 주목하는 작업 등을
    수행한다.

임재춘　혼자서 하기보다 함께할 사람이 있으면 좋겠다는 바람을 찾아가는 과정, 그렇게 만난 이들이 함께 여러 일들을 벌이면서 서로가 성장할 수 있었던 게 아닌가 해요. 누군가가 또는 무엇이 의도적으로 길러냈다기보다요. 그럼 그때 함께 활동했던 사람들은 지금 어떤가요?

김월식　얼마 전에도 그런 생각을 했는데 '스톤앤워터'와 '리트머스'가 얼마나 위대한 일을 했는지 새삼 생각해요. 거기서 만난 이들이 전국 각지에서 문화 기획, 문화정책 등의 영역에서 의제를 견인하는 활동을 하고 있어요. 그들의 역량은 양성된 것이 아닙니다. 그들은 동료로서 함께 경험한 시간과 사건을 통해 짱짱하고 독립적인 사람으로 남은 것이라 볼 수 있을 듯해요. 이건 정말 놀라운 일이에요.

길러진 사람이 아닌 '남은 사람'

임재춘　문화예술교육 또는 그 이전에도 현장의 문화적 역량에서 사람의 문제는 꽤 진지하게 다뤄져왔고, 「지역문화진흥법」이 만들어지면서 사람에 대한 제도적 관심이 상대적으로 더 표면화되었다고 보여요. 지역문화 인력 양성 및 배치에 관한 사업이 대표적일 수 있죠. 경기문화재단의 다사리문화기획학교도 지역문화정책 안에서는 같은 포지션일지 모르지만 문화

107

에 대한 인식, 교육이나 양성 측면에서 다른 방향성들이 느껴집니다.

김월식 최근에 알게 된 사실인데 학교에서 교과 선생님들이 정년이 가까워지면 상담 선생님으로 전환을 할 수 있대요. 그런데 몇 시간 교육을 들으면 바로 자격증을 준다는 거예요. 어떻게 보면 제도권 내에서 양성은 사기일지도 몰라요. 배움이 아니라 자격(증)을 위한 양성이라는 것이지요. 물론 그렇지 않은 사람들도 있기야 하겠지만 궁극적으로는 내용을 깊이 다루는 데 상당히 무리가 있다는 점, 표준화한다는 점, 이를테면 커리큘럼이라는 방식이 사고를 표준화하고 정답이 있는 지향을 갖도록 강제한다는 점이 과연 문화적인가라는 것이죠. '문화'가 붙은 것들은 어찌 되었건 다양성을 어떻게 끝까지 살려줄 것인가를 고민해야 한다고 생각해요. 다양한 객체성 같은 것들을요. 그런데 제도나 정책적으로 양성한다는 것은 표준화되는 경향이 있고 이는 다양성 측면에서 애초 안 맞는 조합이거나 시스템적으로 무리가 있는 것이 아닌가 생각해요.

_____아마 이 점이 사람을 길러낸다는 문화적 맥락과 가시적 성과가 필요한 제도의 의도가 상충하는 부분일 것이다. 생각해볼 점은 이런 의도의 부딪힘이 제도권 내에서만 생기는 것이 아니라 문화 현장에서도 비일비재하다는 점이다. 지역의 문화기관, 시설의 기관장, 운영자들, 많은 문화예술인의 인식이나 태도

가 제도권과 다르다고 말할 수 없는 현실 말이다. 이를 테면, "설사 전체적인 것을 흐트러뜨린다고 해도 허용할 수 있는 최대치의 개별성을 허용하고 점차적으로 허용의 바운더리를 넓혀야 한다"는 김월식 작가의 생각과 그 사이에서 생기는 정책과의 긴장감이라는 것을 불편하게만 여길 것이 아니라 더 나은 방향, 가치 있는 방식으로 어떻게 가야 하는지 이야기를 해볼 수 있는 계기로 삼는 것이 시스템과 정책의 문제여야 하지 않을까. 그럼 정책은 사람에 대한 고민을 어떻게 풀어가면 좋을까.

김월식 군대에서 소대장이나 선임하사 한 명을 양성하기 위해 시간과 예산을 투여해요. 국가안보에 관한 것이기 때문에 기계적으로 비교할 일은 아니겠지만 문화에서 사람을 길러내기 위해서는 긴 호흡의 시간과 이에 적절한 예산의 투자가 필요합니다. 문화를 너무 쉽게 생각하는 데에 문제가 있죠. 제가 참여하고 있는 안양 지역문화 인력 양성 과정이나 다사리문화기획학교의 경우 앞서 말했던 다양성을 확보하는 측면에서 시도하고 있는 게 선생님들이 '밀착해서' 붙어 있는 것이에요. 어떤 방법이 더 나은지 알 수 없지만 일관된 생각과 태도를 지닌 선생님들이 밀착해 있다는 점이 중요하다고 생각해요. 각기 다른 태도의 선생님들을 통해 다양함을 만날 수 있는 기회가 확보되는 것이지요. '경작한다'는 문화의 어원을 빌어 농사꾼에 비유할 수도 있을 것 같아요. 농사를 이해한다는 게 엄청난 거잖아요. 최소한 사계절을 다 보내며 씨앗을 뿌리고 추수를 해서 판매까지 해보는 경험, 그게 한 번으로는 부족하기 때문에 매해 그런 과정을 반복함으로써 농사꾼이 되어가는 것 아니겠어요? 그런 것에 비하면 제도에서 사람을 길러내는 방식이라는 것이 적은 예산으로 가장 쉽게 휘두를 수 있는 사람들을 쓰다 버리는 게 아닌가 하는 생각이 들 정도입니다. 청년, '경단녀' 등의 말로 삶의 절박함을 이용하고 이들을 대상화하는 것 아닌가 하는 생각마저 듭니다.

임재춘　누군가를 가르치는 것 이전에 예술가, 예술활동가로서 김월식 작가 개인의 성장이라는 측면에서 '스톤앤워터'나 '리트머스' 경험을 어떻게 설명할 수 있을까요?

김월식　나는 그 두 곳에서 하고 싶은 것, 하고 싶은 실험을 다 했어요. '스톤앤워터'는 나를 키웠고 나는 '스톤앤워터'를 키웠다고 생각해요. 자유로웠어요. 내부의 논의 체계가 있었지만 자유로운 실험이 가능했고 후배들은 선배들의 작업 과정을 보면서 어떤 기준, 수준에 대한 학습으로 이어지기도 했어요.

　　　　　　김월식 작가는 그렇다고 해서 '스톤앤워터'나 '리트머스'를 잘 만들어진 시스템의 전형으로 말할 수는 없다고 했다. 이야기하자면 김월식 작가가 처음 '스톤앤워터'를 찾은 것은, 좋은 사람들이 있는 곳에 좋은 사람들이 모여들어 삶의 갈등, 관계에 대한 갈등, 문화예술에 대한 질문과 해답의 목마름을 적시는

물 한 잔의 주고받음이었던 것 같다. 사람이 남을 수 있었던 것은 시스템이 아니라 갈증을 느끼는 사람과 그 갈증을 알아채어 물을 내어줄 수 있는 사람이 만나 물을 재미나게 마실 궁리들을 할 수 있었기 때문이었나 보다. 그러한 사람과 그들이 만든 자율성이 보장된 문화적인 자리를 보고 다시 사람이 모이는 이 과정이 방법인 셈이다.

태도적 미디엄을 찾게 하는 것

_____김월식 작가가 말하는 다양함은 개별성의 존중에서 출발한다. 나는 문화 기획자가 가진 역량 가운데 명시적으로 언어화된 지식을 학습하는 기술 외에 그 사람이 세상을 보는, 살아가는 각자의 '태도'가 문화적인 다름의 구체성을 만든다고 믿고 있다. 그렇기 때문에 문화 기획 교육 과정에서 참여자들이 '태도적 미디엄(medium)'을 발견할 수 있도록 그들의 다양한 시도를 허용해야 한다는 김월식 작가의 방향성에 동의한다. 또한 이것이 김월식 작가가 다양성을 끈질기게 강조하고 주장하는 이유일 것이다.

문화 기획 교육에 관계하고 있는 여러 사람들과 이러한 이야기를 나눠보면 당위적으로는 동의하지만 사업의 내용이나 구조에 반영되지 못하는 경우가 많다.

111

김월식   예산이 많다는 것보다 어떻게 쓰는가가 중요하지 않나요? 태도적 미디엄을 발견하기 위한 다양한 시도에는 선생님들과의 밀접한 스킨십과 참여자들의 생각, 작은 실천들을 문화적으로 읽어주는 게 대단히 중요합니다. 역량이 키워진다는 것은 자기 신념을 만들어가는 과정이라고 생각해요. 여기에는 자기 생각이나 동기가 중요한데 이게 전적으로 자기 것이라고 확신할 수 없잖아요. 그런 것에 대한 회의(懷疑) 없이 문화기획이라는 것을 이용할 수 있는 것으로 또는 어떤 수단으로 기능적인 접근을 하는 것은 매우 아쉬운 일입니다. 한편으로 필요하지만 철학, 방향성 같은 중요한 테제를 놓치고 있다는 점에서 그래요.

지역에서

_____지역에서 이러한 화두를 어떻게 풀어갈 수 있는가를 묻자 그는 무척 복잡하고 어려운 문제라고 했다. 김월식 작가는 나름 오랫동안 지역의 여러 기관, 시설, 현장들에서 일을 해왔지만 문화원과는 인연이 없었다고 했는데 이 이유와 무관하지 않을지도 모른다. 문화현장에서 사람의 성장과 연결에 대한 이번 인터뷰 주제에 대해 듣고는 뜬금없이 되물었다.

112   **김월식**   나는 예술가로서 오랫동안 제법 다양한 지역 현장들, 기

관들과 함께 '사람'을 고민하는 일을 해왔는데 유독 문화원과는 인연이 없었어요. 왜일까요? 잘 모르겠지만 제 느낌일 뿐인데요. 문화원 사람에 대한 생각과 가치관이 있었다고 봐요. 문화원스러운 사람? 이런 게 존재할까 싶지만 사업의 유형이나 이야기를 들어보면, 다소 보수적이고 근대적이고 착하고 공동체에 소속성이나 집단성이 강한 분위기가 느껴져요."

_____ 문화원이 지역 전반, 전체의 문화를 대변한다고 말할 수 없다. 하지만 지역에서 다양성을 논할 수 있는 분위기를 만들기 위해 낯선 노력과 개선이 필요하다는 데에 이견이 없을 것 같다. 여기에 김월식 작가는 올바르다는 기준의 정의를 다시 내려봐야 한다고 말한다.

김월식   지역에서 프레임을 바꿀 수 있을까요? 청년들은 줄을 치고, 부녀회는 부침개를 부치고, 노인들은 앉아서 막걸리를 먹는 그런 풍경을 지울 수 있나요? 그 프레임을 바꿀 수 있다면…, 그런 윤리적 그림을 바꾸어 지역문화를 조금 흔들 수 있다면 어떨까요? 저는 그런 게 필요하다고 생각합니다. 욕을 좀 먹더라도.

돌연변이, 진화
그리고 문화원

심한기 品 청소년문화공동체 대표

"스스로는 변화하고 있고, 진화하고 있고, 그것들이 존재하고 있음을 확신한다."

이는 대부분의 공공 집단이 가질 수 있는 착시현상 또는 시뮬라크르(simulacre)이다. 특히 오래된 집단일수록 그 가능성은 높아진다. 복제된 사유, 복제된 상상, 복제된 태도와 행위 등이 반복될수록 역동적 돌연변이가 탄생할 확률은 낮아진다. 그렇기 때문에 오래된 것이 낡은 것으로만 치부되지 않고 그 깊은 소중함을 드러내며 현재적 시점의 언어와 문화와 일상으로 연결되어야 한다. 오래된 것들의 진화는 지금과 다음을 위한 생존과 공존의 핵심 키워드가 될 수 있다. 그리고 그 진화를 위해서는 역동적 돌연변이의 유전자를 끊임없이 만들어갈 수 있어야 한다.

'좀 오래되었거나 낡은 것 또는 변화가 없는 곳'이라는 보편적

인식의 주인공으로 '문화원'이 자주 등장한다. 지역마다 차이는 있겠지만 보통 문화원을 생각하면 떠오르는 단어는 전통, 향토, 보존과 계승, 어르신 등이다. 이는 문화원의 지향과 정체성이기도 하지만 현재진행형의 시점으로는 정지된 또는 역류하는 흐름으로 인식되기도 한다. 그것이 실제이든 착시현상이든 간에 문화원 스스로 지켜야 할 것, 변화해야 할 것, 진화해야 할 것들에 대한 통합적 진단과 판단을 할 수 있어야 한다. 그 판단의 기준으로 문화원의 본질을 지켜가며 변화와 진화를 만들어가기 위한 고민으로서 '돌변변이의 진화'를 말하고자 한다.

'품 청소년문화공동체'가 만들어낸 돌연변이의 역사

A라는 독립된 개체가 B를 만나고 충돌하면서 C를 상상하게 하고, A와 C가 결합되어 새로운 D를 만들어내기도 한다. '품 청소년문화공동체'(이하 '품')는 시혜적이고 일방적인 한국의 사회복지 또는 청소년복지에 대한 염증과 비판으로 뭉쳐진 사회복지 전공자들로 시작했지만 지금은 대안교육, 문화와 예술, 마을공동체, 국제개발과 엔지오(NGO), 지속가능한 삶 등 다양한 시각과 실천들이 연결되어 마을 속에서 십대와 청년들을 만나고 있다. 즉 사유와 실천의 돌연변이 과정이 낳은 결과물이라고 할 수 있다.

지금의 '품'은 지향하는 본질을 잃지 않으면서 그 본질에 다가

가는 과정이 매우 다양한 접촉과 진화들로 채워졌기에 가능한 일이었다. 그리고 진화의 중심에는 늘 사람과 사람의 '연결', 사람과 사람의 '순환'이 자리를 잡고 있었다. 이러한 사유와 실천의 변화를 가능하게 했던 것은 사회적 유성생식 과정에서 진화된 사람의 힘이었다. 늘 하던 생각과 실천에 거대한 바윗돌을 던지는 사람의 힘이 작용하기도 했고, 늘 하던 생각과 실천 속에 있었던 주인공들의 끊임없는 변이 과정들이 새로운 힘으로 작용하기도 했다.

십대들이 스스로 꾸려가고 창조할 수 있는 문화적 환경에 집중했던 품은 십대들과 함께 고정된 일상들을 문화적으로 사고하고 해체해볼 수 있는, 일탈로서의 축제가 아닌 일상으로서의 청소년 축제를 만들어왔다. 올해로 스물세 살이 되는 대한민국 최장수 청소년 축제이다. 축제 하나만을 보자면, 그것만으로 십대들의 배움과 성장을 위한 전부가 될 수 없겠지만, 축제를 만들었던 20여 년 동안의 과정에서 생겨난 돌연변이들은 오래된 관성과 습관에 멈추어 있는 품을 흔들었고, 돌연변이의 유전자를 보유하고 있는 또 다른 십대들을 흔들었다. 강북청소년문화축제 '추락'이 4~5년을 넘기는 동안 축제를 기획하며 일탈과 일상을 넘어들었던 십대들이 20대로 들어서기 시작했고 몇몇의 돌연변이들은 또 다른 진화의 가능성을 보여주었다.

십대에게 꿀맛 같은 즐거움이 되었던 문화적 일상들이 모여서 축제가 되고 그곳에서 삶의 주인공이 되었던 십대들이 청년으로 성장하며 전혀 또 다른 방식의 사고와 실험들을 하게 되었고, 개인으로서 또는 작은 집단으로서의 서로에게 자극과 희망을 던지며 대물림되는 돌연변이의 계보들이 만들어지기 시작했다. 품이 십대들에게 미리 깔아준 '판'들이 흔들거리는 진화를 거듭하며 십대와 청년들의 독립적인 그리고 새로운 '판'들이 이어져가고 있다.

돌연변이의 대물림과 확장은 새로운 접근과 관계의 영역으로도 함께 진화되었다. 일상 속에서 가능한 자발적이고 주체적인 문화적 사고와 실천들은 조금 더 깊고 넓은 사유의 과정과 관계의 과정들을 상상하고 시도할 수 있게 하였다. 다양한 장르와 영역과 세대를 아우르며 자신과 세상을 연결시켜보는 '십대 문화 아카데미' 그리고 마을 속에서의 배움과 실험을 위한 '마을 마실', '마을 속 인문학 교실'과 같은 시도들로 확장되어갔다.

그리고 이를 집약한 마을 속 대안학교인 '무늬만학교'가 문을 열게 되었다. 학교와 품을 왕래했던 친구들이 학교를 그만두고 새로운 삶의 배움을 선택하기도 했으며, '무늬만학교'의 교사는 과거 십대 시절에 활동했던 청년들과 지나온 과정에서 연결된 마을의 주인공들로 채워졌다. 요즘 품에서 놀고 있는 십대들 중에는 대학을 가지 않고 또 다른 삶의 선택을 고민하는 친구들이 늘어가고 있다. 그리고 그 시기에 가질 수 있는 막연함과 불안감들을 줄여갈 수 있는 기회와 선택들도 함께 늘려가고 있다. 그동안 이어져온 돌연변이의 과정들을 만나보거나 목격했기에 경험에 근거한 판단들이 가능하고 이들을 응원해줄 관계들도 조금씩 넓어지고 있다.

117

청소년 문화 축제 '추락'

'추락'에서 성장한 청년들의 활동

2부 사람과 사람을 잇는 힘을 위하여

그 사이 청년들의 움직임도 예사롭지 않은 변화들을 거듭해갔다. 10년이 훌쩍 넘는 시간 속에서 십대가 이십대의 청년이 되고 다시 삼십대의 청년이 되어가면서 일상의 문제만이 아닌 지속가능한 생존의 문제들을 개인의 차원이 아닌 청년 집단 또는 마을 차원에서 궁리하면서 작은 연결과 시도들이 시작되었다.

사람이 사람을 이어주고, 생각이 또 다른 생각을 이어주고, 시도가 또 다른 시도를 이어주는 과정이 반복이 아닌 순환으로 이어졌으며, 이 과정 속에서 수많은 관계와 네트워크가 진하게 연결되었다. 결국 이러한 접촉과 변이의 시간들은 한 집단의 정체성과 방향 등을 끊임없이 성장시키는 동력이 되고 있다.

청년의 돌변변이와 진화 : '삼삼오오 청년 인문실험'

열다섯 살, 열여섯 살 청소년들에게 몇 가지 검사(적성 검사, 진로 검사 등)와 몇 가지 직업군을 성공 사례로 소개하며 먹고살 것에 대한 선택을 하라고 제안하거나, 청년실업을 해결하기 위한 대책으로 10개월짜리 계약직을 남발하는 지금, '청년 인문실험'은 우리 사회에 대한 즐거운 반란과도 같다. 정규직 보장 또는 월 200만 원 수준의 급여 지급과 같은 달콤한 생존의 약속 따위를 내걸지 않는데도 개인과 사회적 가치를 연결하는 인문적 사유와 실천을 위한 작은 실험에 이렇게 많은 청년들이 환호할 줄은 아무도 기대하지 않았을 것이다. '청년 인문실험'에 참여한 청년

청년의 돌변변이와 진화('삼삼오오 청년 인문실험')

2부 사람과 사람을 잇는 힘을 위하여

들에게 주어진 지원은 정산이 없는 200만 원의 활동금과 성과로 드러내기 힘든 응원과 지지뿐이었다. 서울이나 대도시만이 아닌 전국 각지에서 100팀의 청년들이 참여했다.

청년 연극배우가 인문을 읽고 나누기를 시작했고, 청년 디자이너가 자본의 도시를 다시 해석하기 시작했으며, 청년 작가가 마을 속의 미디어를 고민하기 시작했고, 특별하게 뽐낼 것이 없는 평범한 청년들이 일상 속 관찰을 통한 행복한 성찰을 시도했다. 처절한 생존의 시대에도 인문 공부를 멈추지 않았던 청년들의 '혼밥의 인문학적 대안 찾기', 자본과 개발로 흔들리는 을지로의 시공간적 역사를 다시 해석해보려는 청년들의 '이공일구 을지로 동네달력 프로젝트', 찌질한 생존이 아닌 당당한 욕망의 일상을 시도하는 청년들의 '파자마 파티', 그 외에도 비혼 여성, 평등, 책 읽은 코인 세탁방, 공정여행, 도시농업, 세대 교감 등 생존을 넘어서는 실존의 사유, 탐색, 시도와 실험이 유쾌하게 발휘되었다. 청년 프로젝트에 '인문'을 조우하니 사유의 힘, 정신의 힘, 성찰의 힘이 드러났다. 그리고 청년만의 고립된 사유와 접촉을 넘어서는 다른 세대와 영역의 교감과 공존도 드러났다. 스스로 만들어낸 의무와 책임과 평가에 대한 저항으로, 숨겨진 영혼의 욕망과 다양한 가치를 찾아가는 다중 정체성을 탐색하는 청년들의 모습이었다.

'청년 인문실험'은 '돈이 보여야 지원을 한다, 지원을 받으려면 결과나 성과를 드러내 보여야 한다'라는 공식을 버렸고, 실제 그것이 가능함을 증명하고 있다. 전국에서 모인 100팀의 청년들

121

이 조우했던 몇 번의 만남에서는 무거운 불안이나 두려움 또는 타자와 사회에 대한 막연한 분노는 보이지 않았다. 이는 생존으로 연결되는 취업설명회와는 다른 세계였고, 또 다른 경쟁을 부추기는 기존의 공모 사업들과는 다른 세상이었다. 또한 '청년 인문실험'에서의 가장 소중한 과정은 일상과 사유와 실험을 담은 기록이었다. 과장된 성과에 집중해야 하는 결과 보고서가 아닌 각자의 일상, 사유, 실험이 담긴 개인의 글쓰기는 개인의 실존을 드러내고 공유될 수 있는 아름다운 기록으로 저장되었으며 진한 교감과 공감으로 타자와 연결되었다.

'청년 인문실험'은 공공 영역에서의 시도였지만 행정과 시스템과 관성을 넘어설 수 있는 희망으로 해석해야 한다. 이번 과정을 통해서 보이는 결과와 성과에 대한 재해석이 가능했으며 실존에 대한 청년들의 동기와 의지와 욕망을 충분하게 확인할 수 있었다. 이는 청년을 생존의 문제로 풀어가려 하는 우리 사회의 대안적 희망으로 연결될 수 있다.

그래서 문화원은?

첫째, 오래된 것들이 다른 것을 만나 또 다른 유전자를 잉태할 수 있어야 한다.

문화원은 자신의 본질과 정체성을 소중하게 지켜가면서 새로운 접촉과 시도에 진지한 몰입을 할 수 있어야 한다. 이는 단순한 장르의 결합, 일시적인 실험이나 시도를 말하는 것이 아니다. 사업적 변화와 시도가 아닌 '세포의 변화'가 필요하다. 문화원의 이미지와 반대편에 서 있는 것들에 대한 유연한 호기심이 자발적으로 작동되며 긴 호흡의 말 걸기와 손 내밀기를 끊임없이 시도해볼 수 있어야 한다. 오래된 것과 새로운 것, 줌인(zoom in)과 줌아웃(zoom out), 내적인 성찰과 통찰 등을 적절하게 성장시키며 자유롭게 여행하는 영혼처럼 문화원만의 돌연변이 유전자를 잉태해갈 수 있어야 한다.

둘째, '네트워크 또는 자원의 발굴과 연결'에 대한 재해석이 필요하다.

이번 호의 주제가 '연결'이라고 했지만 진정한 연결이 가능하려면 괜찮은 사례를 따라가거나 효율적인 방식만 추구하려는 기존의 태도를 과감하게 버릴 수 있어야 한다. 우리가 말하는 네트워크, 자원 등의 개념을 다시 해석해봐야 한다. 뿌리 깊은 접촉과 나눔의 과정이 생략된 네트워크와 자원은 소리 없이 사라지는 연기와도 같다. 당장의 효율성과 성과를 잠시 내려놓고 길고 깊게 관계하고 연결할 수 있는 지속가능한 시도들을 고민해야 한다. 누군가를 찾아서 연결하고 변화를 가능하게 하는 등의 시도보다 먼저 스스로 가능한(Self-So) 돌연변이가 될 수 있는 동력이 필요하다. 문화원이 활용할 수 있는 자원을 찾기에 앞서 문화원이 누군가의 자원이 될 수 있는가를 질문할 수 있어야 한다.

'동네 지식인'의
탄생

이동준 이천문화원 사무국장

베들레헴에 구주가 나셨는가?

참 이상했다. 의문이 들기는 했지만 세상을 구할 구세주가 거대도시 로마나 예루살렘이 아니라 시골 촌구석 베들레헴이라는 동네 출신이라는 것이 반갑기 그지없었다. 서울 출신이 아니어도 그 삶이 의미 있고 위대할 수 있다는 가능성을 우리에게 보여주었기 때문이다. 게다가 이 표어는 낙후 지역도 언젠가는 발전할 수 있다는 희망을 던져주는 것 같기도 했다.

인류의 역사에서 세상을 밝힐 구세주의 역할을 해온 것은 '지식'이었다. 프로메테우스가 신의 독점적 기술인 불을 훔쳐 인간에게 가져다주었을 때 그 불은 인간을 각성시켜서 인간을 더 이상 신에게 종속된 존재가 아닌, 독립된 존재로 스스로를 자각하게 만들었다. 그 불도 처음에는 소수의 권력층, 소수의 지식인만 소유할 수 있었다. 하지만 21세기에 들어와 그 불은 이제 누구나 소유할 수 있는 시대가 되었다.

지식인이란 일정한 수준의 지식과 교양을 갖춘 사람을 말한다. 학자, 교수, 전문가 등 가방끈이 긴 사람이다. 과거에 지식인은 시대의 양심, 예언자적 사명을 감당하기도 했다. 하지만 요즘

아기예수의 탄생과
목자의 경배
(Adoration of the
Shepherds),
루벤스(Peter Paul
Rubens), 1608

125

'동네 지식인'의 탄생

지식인은 우리 주변에 차고 넘친다. 게다가 우리 사회는 이들의 전문 지식을 그다지 필요로 하지 않는다. '네이버 지식IN'에 물어보면 뭐든지 대답해주기 때문이다. 기술의 발달로 등장한 새로운 미디어와 플랫폼들은 과거 금단의 영역에 속했던 지식들을 단번에 모두의 것으로 만들어버렸다.

어린아이들도 매일매일 유튜브를 통해 지식을 배우고 자신의 일상과 경험을 업로드하고 시청한다. 지식의 생산과 창조, 유통과 소비가 과거와는 전혀 다른 방식으로 바뀌고 있는 것이다. 이제는 비싼 돈을 내고 대학에 들어갈 이유가 없어졌다. 대학 졸업장이나 박사학위가 이제는 그리 큰 장점이 되지 못한다. 학생들이 없어 대학은 폐교를 걱정하고 학생들은 졸업해도 일자리를 찾기 힘들다. '네이버 지식IN'보다 못한 시간강사가 설 자리는 어디에도 없다.

인공지능(AI)은 법률가 대신 수많은 법령과 판례 데이터를 분석하고 자문하며, 기자 대신 기사를 작성한다. 어디 그뿐인가? 로봇이 의사 대신 수술하는 무인 수술 병원도 머지않아 생겨날 것이다. 이세돌과의 바둑 대결로 유명해진 알파고(AlphaGo)는 지구상에 더 이상 적수가 없어 은퇴한다고 한다.

분명해진 사실이 두 가지 있다. 인간의 지식이 인공지능을 이길 수 없다는 것, 그리고 기술사회는 인간의 지식에 의존하지 않고도 자율적으로 발전해갈 수 있다는 것이다. 지식은 이제 소유가 아니라 접속의 문제가 되었다. 단지 접속해서 검색하면 될 뿐이다.

하지만 접속하는 순간 나의 모든 사적 정보들은 구글 같은 거대 기업의 데이터 저장소에 흘러 들어간다. 인류의 온갖 지식과 개인의 생애 경험까지도 빅데이터와 인공지능의 원료 데이터가 되어버린다. 이제 지식을 얻기 위해 필요한 것은 인터넷 검색 능력과 미디어 해독 능력일 뿐이다. 지식인은 더 이상 지식을 가진 사람이 아니라 다만 지식을 검색하는 사람일 뿐이다. 이것은 인류에게 과연 축복인가, 재앙인가?

고용의 종말 : 인간의 지식과 노동은 필요 없다!

바야흐로 제4차 산업혁명의 시대다. 인공지능과 로봇, 사물인터넷과 빅데이터, 그리고 생명공학 같은 기술의 혁신은 인간의 삶을 더 편리하고 풍요롭게 하는 시대로 이끌 것이라는 장밋빛 전망을 제시하고 있다. 기계와 기계, 기술과 기술, 그리고 기계와 기술이 인간 없이 자율적으로 연결되는 기술사회의 출현이다. 하지만 기술사회는 인간에게 끔찍한 재앙을 몰고 올 수도 있다.

19세기 초 산업혁명이 사람들을 실직의 위기로 내몰았을 때 영국에서는 기계파괴운동(Luddite movement)이 일어났다. 20세기 초 미국에서 시작된 컨베이어벨트 생산방식은 대량생산 체제를 가능하게 하면서 수많은 도시 노동자를 공장노동자로 변화시켰다. 20세기 후반 디지털 정보화에 의한 공장자동화는 공장노동자의 대량 해고로 이어졌다. 그렇다면 21세기 기술사회에 들어선 우

19세기 초 영국에서 일어난 기계파괴운동

리의 운명은?

기술사회는 고용의 종말을 뜻한다. 고전적인 의미의 일자리는 사라질 것이다. 기존 수많은 종류의 직업들은 소멸되고 새로운 직업들이 만들어질 것이다.

경기 불황이 지속되면 우리 사회는 가장 힘없는 사람들부터 실직으로 내몰곤 한다. 고속도로 하이패스로 수납 시스템이 자동화되면서 해고 위기에 몰린 요금수납원들이 톨게이트 구조물 위에 올라가 기습 농성을 시작한다. 아파트 입주자대표회의에서는 경비원 수를 줄이는 것으로 관리비를 절감하려고 한다. 대학에서도 학교 재정이 나빠졌다는 이유로 교내 청소노동자들을 자르기 시작한다.

지자체나 기업들도 이윤이 줄어들거나 재정이 악화되면 제일 먼저 손을 대는 것이 임시직 근로자들을 해고하는 것이다. 그 이유가 무엇일까? 이들의 직업이 직접노동이거나 단순노동이기 때문이다. 그만큼 이들의 노동을 별 볼 일 없는 노동으로 간주하기 때문일 것이다. 이렇듯 4차 산업혁명은 인간의 일자리를 빼앗고 융합과 혁신을 통해 점점 인간이 필요 없는 사회를 구현해나가고 있다. 무인 경비 시스템, 무인 자판기, 무인 식당, 무인 은행, 무인 요금 정산기, 무인 주유소, 무인 택배…. 이렇게 사람이 필요 없는 무인 사회가 되어버리면 그때 인간은 무엇을 할 것인가?

자동화로 일자리가 사라지는 건 톨게이트 요금 수납원이나 아파트 경비원 직종의 이야기만이 아니다. 지금 미국 여러 도시에서 시범 운영하고 있는 '아마존 고(Amazon Go)'를 보자. 아마존 고는 물건을 그냥 집어 들고 나오면 자동으로 계산이 되는 무인편의점이다. 더 이상 계산대 앞에서 기다릴 필요가 없다. 계산원 일자리는 머지않아 사라지고 말 것이다. 우리나라에는 계산원이 39만 명이나 있다.

요즘 주유소에는 반갑게 맞이하는 주유원을 보기 힘들다. 은행도 무인 점포가 점점 늘어나고 있다. 자율주행 택시를 보자. 부르면 자동으로 와서, 목적지까지 기사 없이 모셔다 드리는 이 택시는 이미 영국, 호주, 프랑스, 싱가포르 등지에서 상용화를 준비하고 있다. 가히 기술사회가 추구해온 이상적인 유토피아가 현실화되고 있는 것이다. 그러나 27만 명의 택시기사, 30만 명의 셔틀버스 운전사는 어디로 가야 하는가? 이들은 실업자가 될 수밖에 없는 것인가?

인간만이 할 수 있는 일을 찾아서

어느 시점부턴가 경제는 성장해도 고용은 늘어나지 않는 시대가 되었다. 우리나라의 국내총생산(GDP)에서 노동이 차지하는 비중은 점점 줄어들기 시작했다. 학자들은 그 원인으로 노동생산성 하락을 들었다. 그동안 노동생산성을 높이기 위해 기업들은 기계화, 자동화 비율을 높여왔는데 어느 시점부턴가 자동화가 노동 수요를 대체해버린 것이다. 인공지능과 무인 자동화는 이제 더 이상 'GDP'에서 인간의 노동 기여분을 키울 여지가 없으며 고용도 유지할 수 없는 사태를 가속화시켰다. 고전적 경제 개념에서 생산은 반드시 고용을 통해 이루어졌지만 이제 첨단 기술사회에서는 인간의 고용 없이도 생산이 가능하게 되있다.

그렇다면 이제 인간의 일자리는 모두 사라져버리는 것일까? 이에 대한 고용주의 반응은 어떨까? 기계보다 비싸게 임금을 주어야 하는 인력은 당연히 해고하려 들 것이다. 무인 경비 시스템이 도입되면 경비원은 해고. 자동화 설비가 투입되면 공장 라인 노동자는 해고. 바코드 시스템이 확대되면 단순 계산원은 모두 해고. 자율주행차가 들어오면 택시 기사는 해고. 버스 기사도 마찬가지다. 그럼 누가 남게 되는가? 기계보다 더 싸게

130

일할 수 있는, 그리고 손쉽게 해고할 수 있는 비정규직 하청 노동자나 외국인 노동자들이다. 정규직은 기계와 로봇, 무인 시스템의 보조적 역할을 하는 관리 요원 정도가 되지 않을까?

무인 자동화 시대에 인간의 노동력은 비효율적이고 더 이상 쓸모없는 것이다. 빅데이터와 인공지능 앞에서 인간의 지식은 한없이 왜소할 뿐이다. 인공지능이 지식인의 일을 대부분 대체하게 되면 이제 지식인은 무엇을 해야 할까? 인공지능을 돕는 일을 하거나 인공지능이 시키는 일을 하게 되지 않을까? 이 시대는 지식인을 위한 일자리를 더 이상 만들어주지 못한다. 이 문제를 해결하기 위해서는 우리가 이제까지 알고 있던 지식의 개념, 고용의 개념을 통째로 바꾸지 않으면 불가능할지도 모른다.

자동화와 인공지능으로 대변되는 기술사회는 인간에게서 일자리를 빼앗을 것인가? 아니면 더 이상 기업에 종속되어 노동력을 바치지 않아도 될 만큼 인간을 일로부터 해방시켜 진정한 여가와 휴식을 줄 것인가? 불행하게도 기술 개발로 인한 급격한 사회변동은 새로운 일자리 분야에 대한 재교육, 재취업에 성공한 소수의 엘리트 집단을 제외하고는 대부분의 비숙련 노동자의 노동력 가치를 갈수록 떨어뜨리게 되리라는 전망이 우세하다. 그렇다면 이런 극단적인 부익부 빈익빈 사회의 어두운 전망을 극복할 대안은 무엇일까?

이제 생각을 바꿔보자. 그것도 우리가 기존에 가져왔던 일에 대한 개념을 근본적으로 달리 생각해보자. 우리가 어떻게 사고하느냐에 따라 위기는 더 좋은 기회를 가져다줄 수도 있다. 우리는 '일' 하면 쉽게 고용을 떠올린다. 하지만 그것들은 일이 아니라 그저 자리일 뿐이다. 핵심은 일자리가 아니라 '일'이다. 일자리는 고용주, 정책입안자에게 달렸지만, 일은 창조적으로 지역을 바라볼 줄 아는 사람에게 달린 것이기 때문이다. 이런 사고야말로 우리에게 새로운 상상력을 불러일으킬 수 있다.

아파트에 무인 경비 시스템이 도입된 후 경비원들은 새로운 일들을 찾기 시작했다. 자동화로 없어진 업무 대신 방범 안전관리, 택배 관리, 분리수거와 주차 관리에 이르기까지 창의적으로 주민들을 돕는 일을 시작한 것이다. 더 생각을 진전시켜보자. 이들이 놀이터에서 아이들을 돌보거나 동네 도서관에서 옛날이야기를 들려주면 어떨까? 또 전등을 교체해주거나 고장난 주방을 수리해주면 어떨까? 과거 이발소를 했다면 동네 아이들 머리를 깎아주면 어떨까? 아파트 경비원이 아닌, 공동체 도우미의 탄생이다. 이게 해법이 아닐까?

일을 원한다면 지역으로 가라!

고용노동은 한계가 있다. 그저 시키는 일만 하는 노동으로는 자발성과 창의성 그리고 진심을 담보할 수 없다. 그러나 고용과는 관계없는 새로운 노동이 존재한다. 중요한 것은 스스로 해야 할 일을 찾는 것이다. 일을 하는데 자리는 필요할 수도 있고 경우에 따라서는 필요하지 않을 수도 있다. 하지만 우리는 늘 자리가 먼저고 그다음에 일이라고 생각해왔다. 우리는 어디에 고용되어야, 또는 누군가를 고용해야 '일'이 가능하다고 믿어왔다. 하지만 과연 그런 것일까?

이런 기준에 따르면 주부의 가사노동은 생산 활동이 아니다. 남을 위해 기도하고 영혼을 위로하는 성직자는 일하는 것이 아니다. 그러나 이 지점에서 기계나 인공지능이 할 수 없는, 인간만이 할 수 있는 고유한 '일'이 드러난다. 그것은 바로 인간의, 인간에 대한 관심을 기초로 한 노동이다. 그렇다. 고전경제학에서는 그동안 생산 활동에 잡히지 않았던 돌봄노동이다. 그리고 가족과 이웃, 동네 등 공동체에 대한 관심을 바탕으로 인간과 인간 사이의 이해와 소통을 돕는 일이다. 또한 새로운 것을 만들어내는 예술가의 창작 활동도 있다. 이런 일들은 여전히 인간의 몫으로 남게 될 것이다.

기술사회의 유토피아적 전망은 다음과 같은 두 가지 전제가 이루어진다면 가능할지 모른다. 첫째, 기업이 자동화를 통한 생산성의 증가와 그 이익을 노동자들에게 잘 분배해야 한다. 이렇게 되면 노동을 생존 수단으로 삼았던 사람들도 예속적인 일에서 벗어나 여가를 즐기거나 자신이 좋아하는 일을 할 수 있게 될 것이다. 하지만 생산성 증대와 이윤 추구를 위해 공장에 로봇을 들이고 자동화를 시도한 기업이 그 결실을 사회에 내놓을 리는 없다. 그렇다면 차선책은 없을까?

버트런드 러셀(Bertrand Russell)은 『게으름에 대한 찬양』(사회평론, 2005)이란 책에서 사람들이 하루 4시간씩만 일한다면 모두에게

133

버트런드 러셀
(Bertrand Russell, 1872~1970)

충분한 일자리가 생겨날 것이고 실업도 없을 것이라고 했다. 멋진 발상의 전환이다. 자동화로 인해 인간의 노동력이 덜 필요하게 되면 그만큼의 노동자를 해고하기보다는 필요노동력이 감소된 만큼 노동자 개개인의 노동시간을 줄이면 된다. 켈로그는 1935년에 이미 '3교대 8시간 대신 4교대 6시간으로 작업 방식을 바꾸어 300명 이상의 일자리를 만들고 추가 급여를 지급할 수 있었다'고 밝히고 있다.

둘째, 기업의 영리적 활동을 위한 고용노동 이외에 비영리 부문에서 일어나는 사회문화적 활동이 활성화되어야 한다. 이른바 제3섹터, 시민사회 부문의 활동을 넓히는 것이다. 개개인의 고용노동 시간이 줄어들면 이제 사람들은 남은 시간을 더 의미 있고 가치 있게 쓰고 싶어할 것이다. 비영리 부문의 일들을 고용으로만 흡수하기에는 한계가 있다. 그럼 어떤 대안이 있는가? 주민의 비영리적 사회문화 활동을 촉진하기 위해 기본소득을 제공하는 방식도 의미가 있을 것이다.

노동시간이 줄어들면 고용노동에 대한 임금만으로는 생계비를 충당하기 힘들다. 이 부분을 기본소득이 채워줄 수 있다면 사람들은 생계에 쫓기지 않고 그 사회의 공동체적 삶의 질을 높이는 활동에 지속적으로 참여할 수 있지 않을까? 기본소득은 모든 개인에게 아무 조건 없이 정기적으로 지급되는 소득이다. 이에 기반해 자신의 가치와 전문성을 가지고 자신이 원하는 일을 할 수 있도록 촉진하는 것이다. 이제는 고용주와 종속적인 고용계약을 맺지 않고도 자신의 지식이나 서비스를 원하는 고객에게 직접 제공하고 대가를 받을 수 있다. 이런 형태의 일을 '독립노동' 또는 '자유노동'이라고 부를 수 있을 것이다.

기본소득은 자유노동의 가장 큰 한계인 소득 불안정 문제를 해결할 수 있다. 그리고 이런 기본적인 조건이 이루어진다면 기술사회는 인간이 힘겹고 종속적인 노동으로부터 해방되어 더 인간미 넘치는 살 만한 세상을 이루어가는데 일조할 수 있을 것이다. 기업은 늘 노동시장과 노동조건의 유연성을 주장해왔다. 필요노동력이 줄어들 때 쉽게 해고를 할 수 있기 때문이다. 하지만 기본소득으로 생계에 위협을 느끼지 않게 되면 이제 칼자루는 기업이 아니라 사람이 쥐게 된다. 모든 생산은 수요가 있을 때 일어나는 것이다. 그리고 그 수요는 어디까지나 인간의 욕구와 필요에서 창출된다.

그렇다면 역시 시작점은 지금 여기, '나'이다. 나의 존재의 기반이 되는 현장, 바로 동네와 마을이다. 생존과 생계의 위기에 몰려 서로에 대해 적대적일 수밖에 없는(War of all against all), 그러면서도 고립된 개별적 존재로서의 자아에서 벗어나 서로가 서로의 존재의 기반이 되는(Harmony of all with all), 공동체적 존재로서 서로 연결이 되면 새로운 눈으로 세상을 보게 될 것이다.

'동네 지식인'은 동네를 성찰하는 사람이다

가까운 지인에게 물었다. "동네 지식인이요? 동네에 사는 지식인 아닙니까? 우리 마을에 도시에서 은퇴하고 오신 분이 있는데 교수님이셨대요." 언제부턴가 우리 주변엔 지식인이 넘쳐난다. 일자리를 얻지 못해 새로운 활동 공간을 찾아 헤매는 석박사 출신의 시간강사, 해외 유학파 지식인들로 넘친다. 수많은 지식 연구자들이 배출되었지만 우리 사회는 이들을 흡수할 적절한 일자리를 제공하지 못하고 있다. 공급과잉이다. 그도 그럴 것이 이들이 제공하는 지식들을 이제는 누구나 손쉽게 얻을 수 있게 되었기 때문이다. 이런 이유로 어설픈 지식을 가지고 동네 사람들을 가르치려 들다가는 큰코다치기 십상이다.

'동네 지식인'은 그저 동네에 있는 지식인이 아니다. 동네 지식인은 동네에 살면서 동네를 배우고 동네 생활 속에서 지식을 실천하는 사람이다. 그러니까 동네를 성찰하는 사람인 것이다. 진정 지식인이고자 한다면 먼저 동네를 탐구해야 하지 않을까? 동네 아낙들, 동네 어르신이 체득하고 있는 동네에 관한 생활 지식을 배워야 하지 않을까? 동네 구석구석을 살피며 가꿔온 일상

이천문화원의 마을 기록 사업에 참여한
시민 기록자들

적인 지식들이 얼마나 놀라운지 깨달아야 하지 않을까?

동네에 자라고 있는 꽃들과 약초들의 쓰임새, 골목골목에 스며 있는 마을의 역사, 24절기를 하루하루 몸으로 새기며 살아온 농군의 삶…. 동네 주민들이 살아온 거대한 생애 경험의 광산에서 어떤 광물을 발견하고 채굴할 것인지, 그것을 어떻게 세공해서 보석과 같은 지식으로 만들 것인지 고민하는 사람, 그런 지식인은 어디에 있는가? 동네를 유심히 살펴보고 마주치는 사람들과 일일이 눈인사를 하거나 산책길에 피어 있는 엉겅퀴와 호박꽃, 종다리 소리에도 귀 기울여 들을 줄 아는 동네 산책자쯤은 되어야 하지 않을까?

그렇게 동네를 한 바퀴 산책하다 순간순간마다 걸음을 멈추게 하고 뭔가 뭉클한 느낌이 일어나기도 한다면 당신은 동네 지식인이 될 자격이 있다. 하지만 어설픈 시간강사가 일할 만한 자리는 지역에서 발견할 수 없을 것이다. 그저 일자리를 얻기 위해 동네를 기웃거리는 얕은 지식인이라면 진짜 살아 있는 생애 경험으로 잔뼈가 굵은 동네 지식인과는 상대가 되지 않을 것이기 때문이다. 동네 사람들에게 필요한 건 아류만 만들어내는 껍데기 지식인이 아니라 일상적 삶에 충실한 알맹이 지식인이다!

누군가가 말했다. 시간강사들이 동네 지식인이 되면 좋겠다고. 지역에는 도서관과 카페, 책방, 문화센터와 아트홀, 미술관, 그리고 작은 문화공간들이 차고 넘친다. 그러니 이런 지역의 다양한 공간들을 지식 연구 학습공간으로 활용하면 좋겠다고. 과연 그런가? 동네 지식인을 너무 쉽게 생각하는 건 아닌가? 그대는 동네 지식인이 되고자 하는가? 그렇다면 먼저 그대의 지식을 내려놓으라. 그다음에 동네 사람들의 삶을 배우라. 그대의 지식으로 동네를 바꿀 수 있다고 생각하는가? 먼저 그대의 생각을 바꾸라. 그대가 있을 자리를 찾기 전에 먼저 지역에서 해야 할 일을 찾으라.

베들레헴에 구주가 나셨는가? 나셨다. 하지만 전혀 다른 구주가 나셨다. 잠시 호적하러 온 것이 아니라, 혹은 해외 원정 출산처럼 시민권을 얻기 위해서가 아니라, 아예 베들레헴에서 평생을 살기 위해서, 촌구석 베들레헴을 정말 사람 살 만한 곳으로 만들기 위해서 온 주민이라면 우리는 기꺼이 여관의 빈방을 내어드려야 할 것이다. 개천에 용이 나셨는가? 나셨다. 하지만 선혀 다른 용이 나셨다. 중앙에 등용되기만을 꿈꾸는 허황된 큰 용이 아니라, 정말 내가 살고 있는 지금 여기, 이 동네를 바꾸어내고자 하는 용이다. 스스로를 자각하기 시작한 시민이야말로 진정 지역이 필요로 하는 용이다. 그 용의 이름은 바로 '동네 지식인'이다.

사람과 사람을
잇는 힘을 위하여

고영직 문학평론가

이바라기 노리코 시집 『처음 가는 마을』(봄날의책, 2019)
이바라기 노리코 시집 『여자의 말』(달아실, 2019)

살아 있는 것들의 편이 되어

순수함이 중요해

사람을 만날 때나 세상을 대할 때나

사람을 사람으로 여기지 않게 되었을 때

타락한단다 추락해가는 걸

감추려 해도 감추지 못하는 사람을 많이 보았지

—「되새깁니다—Y·Y에게」부분

위의 시는 일본 시인 이바라기 노리코(茨木のり子, 1926~2006)가
쓴 「되새깁니다」라는 시의 부분이다. 시의 부제에 등장하는

139

'Y·Y'라는 인물은 '야마모토 야스에'라는 신극 여성배우로 알려져 있다. 위 시에서도 간파할 수 있지만, 이바라기 노리코의 시는 쉬운 일상어로 '때묻지 않은 순수함이 소중하다'는 점을 역설하는 특징을 잘 보여준다. 그리고 시와 삶이 일치하는 매우 희귀한 케이스라고 확언할 수 있다. 나는 위 시에 등장하는 "사람을 사람으로 여기지 않게 되었을 때"라는 구절이야말로 이바라기 노리코가 시와 삶에서 여일하게 역설하고자 한 시적 메시지라고 생각한다. 그것은 사람에 대한 '태도가 중요하다'는 것이고, 특히 소수자와 약자에 대한 태도가 중요하다는 것으로 이해한다.

이러한 태도는 어떻게 가능한 것일까. 자기 '바깥'을 향해 자신을 활짝 여는 행위를 멈추지 않았기 때문에 가능했다. 위 시의 마지막 부분에서 "온갖 좋은 일의 핵심에는/ 떨리는 연약한 안테나가 숨어 있다 반드시……"라고 쓴 표현에서 확실한 '물증'을 찾을 수 있다. 다시 말해 이바라기 노리코는 필생에 걸쳐 타자와 타자의 말들을 들을 수 있는 하나의 '안테나'를 자신 안에 간직하며 살아간 것이다.

이러한 시적 특징은 이바라기 노리코의 출세작이며, 전후 일본 현대시의 걸작으로 평가받는 「내가 가장 예뻤을 때」에서도 잘 나타난다. 이 시는 군국주의 일본의 잘못된 행태를 비판하는 시로 큰 주목을 받았다. "내가 가장 예뻤을 때/ 주위에선 수많은 사람들이 죽어갔다/ 공장에서, 바다에서, 이름도 없는 섬에서./ 그래서 난 그만 멋 부릴 기회를 잃고 말았다"(제2연). 다시 말해 소녀 시절에 겪은 전쟁 경험은 이바라기 노리코로 하여금 자신의 시와 삶에서 "이유는 잘 모르지만 / 살아 있는 한 살아 있는 것들의 편이 되어"(「이 실패에도 불구하고」) 살고자 '선언'하도록 재촉한 셈이다. '살아 있는 한 살아 있는 것들의 편이 되어'라는 진술은 시인이 시와 삶을 대하는 태도를 분명히 선언하는 일종의 시론(詩論)이라고 보아야 옳다.

「내가 가장 예뻤을 때」를 비롯, 다수의 시가 수록된 이바라기 노리코 시선집 『여자의 말』(달아실, 2019)

그렇다. 이바라기 노리코는 시와 삶에서 살아 있는 것들의 편이 되고자 한 여일한 행보를 보여주었다. 남편 사후에 한글을 배우며 한글/한국을 사랑하고, 윤동주 시인을 사랑했으며, 신경림·강은교·홍윤숙 같은 한국 시인들의 시를 일본어로 번역해 소개하는 활동을 한 것도 그런 이유에서일 것이다. 특히 윤동주의 시와 삶에 대해 쓴 수필 「바람과 별과 시」(「風と星と詩」)는 고등학교 문학 교과서에 수록되어 일본에서 '윤동주 현상'을 불러일으키기도 했다. 시인이 일종의 '내부 고발자'가 되어 천황을 비판하며 자기 바깥에 존재하는 타자와의 관계 회복을 바라고, 소통에 대한 강렬한 희구를 독려하지 않고서는 불가능한 일이었으리라. 일본 천황을 비판하는 「사해파정(四海波靜)」을 비롯해 「계보」 「없었다」 「피」 같은 내부 비판 계열의 시들에서

분명히 확인할 수 있다. 그리고 「두 명의 미장이」라는 시에서 보듯이, ""사모님 시는 저도 이해할 수 있답니다"라고 말한다/ 이보다 기쁜 말이 있을까"라는 표현처럼 시인의 시는 일본에서 매우 폭넓게 읽혔다.

특히 천황을 직접 비판하는 「사해파정」에서는 시인의 결기가 느껴진다. 이 시는 1975년 10월 31일, 방미(訪美) 후 귀국한 히로히토(裕仁) 일왕이 전쟁 책임에 대해 기자들이 묻자 "그런 말의 수사(修辭)에 대해선 문학 방면에서 그다지 연구한 바가 없어 대답하기 어렵습니다"라고 변명한 데 대해 한 사람의 시인/시민으로서 신랄히 야유하고 비판한 시로 잘 알려져 있다. 천황 비판이 일종의 금기로 취급되는 일본 사회에서 선(線)을 넘은 발언이라고 할 수 있다. 다시 말해 시인은 국민(國民)으로서 발언하는 것이 아니라, 한 사람의 정부(政府)로서 보편적 양심을 대변하는 존재라는 의식이 없고서는 불가능했을 것이다. 이러한 시적 태도는 '내 주위는 온통 만세일계투성이이다'라며 일제의 만세일계론 논리를 부수고, 무사도(武士道)를 야쿠자와 다를 바 없다며 비판하는 「계보」와 「없었다」 같은 작품들에서도 확인할 수 있다. 이라크-독일-일본 군국주의를 동시에 비판하는 「피」에 등장하는 "피는 온전히 자신을 위해 써야 하는 것"이라는 표현에서 시인의 진정한 의도를 간파할 수 있으리라. 쉽게 말해 시인은 국익(國益) 따위를 말하는 존재는 아니라는 주장인 셈이다.

그렇다면 이바라기 노리코의 이러한 순박한 '결기'와 '용기'는 어디에서 나오는 것일까. 「기대지 않고」라는 시는 좋은 증좌가 될 것이다. 이 시는 한 사람의 '시인'은 어떻게 탄생하고, 한 사람의 '시민'은 어떻게 제2의 탄생을 하게 되는지 잘 보여주고 있다. 그것은 "기성 사상, 종교, 학문, 권위에 기대지 않겠다"는 분명한 시적 선언에 나타나 있다. 자기 혼자 세상에 설 수 있는 자립(自立)의 태도를 갖춘 독립지식인이 되어야 한다는 점이다. "자신의 눈과 귀/ 자신의 두 다리로만 서 있으면서/ 그 어떤 불편함이 있으랴"라는 구절에서 기존의 권위 따위에 자기 자신을 내어주지 않으려는 당당한 태도를 확인하게 된다.

'시인'과 '시민' 사이에서

이바라기 노리코의 시를 사랑할 수밖에 없는 이유는 평이한 시어 너머에 삶을 깊이 통찰하는 혜안이 행간에서 번득인다는 점이다. 시인의 내공이 깊지 않고서는 불가능하다. 그리고 약하고 힘없는 존재들, 다시 말해 겨우 살아 있는 것들의 편이 되고자 한 시인의 시적 태도는 매우 감동적이다. 시인의 이러한 태도는 하루아침에 저절로 형성된 것이 아니다.

소녀 시절의 이야기를 쓴 「화낼 때와 용서할 때」라는 시는 어떤 힌트를 제시하는 듯하다. "오로지 하나 분명한 건/ 자기 스스로가 그걸 발견하지 않으면 안 된다는/ 사실이다"라는 표현이 그것이다. 시인은 '나 자신'을 주장하며 살고자 하는 의지를 소녀 시절부터 강하게 의식했던 것이다. 그리하여 시인은 말한다.

143

패전의 날 10주년을 맞아 쓴 「한 번 본 것」에서 "여름풀 무성한 불타버린 폐허에 웅크리고 앉아/ 젊었던 나는/ 안구(眼球) 하나를 얻었다/ 원근법 측정이 정확한/ 차갑고 상쾌한!"이라고. 여기서 시인이 '원근법'이라고 쓴 비유는 나와 타자와의 거리를 의미하는 것으로 이해되는데, 이 거리가 너무 멀어도 안 되고 너무 가까워도 안 된다는 점을 늘 의식하며 시를 쓰고 삶을 살았던 데에서 이런 태도가 드러난다고 유추할 수 있을 법하다. 다음과 같은 시는 득의의 성취가 아닐 수 없다.

> 잘 안 되는 것 일체를
> 시대 탓으로 돌리지 말라
> 가까스로 빛을 발하는 존엄의 포기
>
> 자신의 감수성 정도는
> 자신이 지켜야지
> 바보 같으니라고
>
> ─「자신의 감수성 정도는」 부분

　시인은 남편과의 사별 이후 한글을 배우고 익히며 타자와의 만남과 교류를 계속 이어가는가 하면, 윤동주 시를 비롯해 한국 시를 번역해 소개한 것도 '자신이 진짜로 살아 있었던 날'(「반짝반짝 빛나는 다이아몬드와 같은 날」)을 살고자 했고, "타인의 말을 조용히/ 받아들이는 힘"(「듣는 힘」)이야말로 나를 나로서 살게 하는 힘이

144

라는 사실을 깨달았기 때문일 것이다. 사별한 남편을 그리워하는 연가 형식의 「세월」 같은 시에서 "단 하루의/ 번개 같은 진실을/ 부둥켜안고 꿋꿋이 살아가는 사람"이라고 쓴 표현은 시인 자신을 말하는 것이라고 짐작할 수 있으리라. 이바라기 노리코는 소녀 시절부터 필생에 걸쳐 내 안의 '안테나'를 늘 의식하며 살았던 것이다. "안테나는/ 끊임없이 수신하고 싶어한다/ 깊은 희열을 주는 말을"(「왁자지껄한 와중에」) 수신하기 위해.

이바라기 노리코는 자신의 문제를 결코 외면하지 않는 시민적 태도를 잘 보여준 '시민-시인' 혹은 '시인-시민'이다. 다나카 쇼죠(田中正造)의 아시오(足尾) 구리광산의 광독(鑛毒) 사건을 환기(「반복의 노래」)하며 반복되는 일제의 문제를 성찰하고, 한글을 배우는 과정(「이웃 나라 말의 숲」)에서 윤동주와 한글 그리고 한국에 가한 일제의 만행에 '사죄'하는 것 또한 타자와 진정으로 소통하고자 한 양심적 시인-시민의 발로라고 할 수 있다. 즉 시인에게는 '탈아(脫亞)'를 주창하며 아시아 각국의 민중들에게 가한 역사적 상처를 회피하려는 일본 지식인 특유의 '전학생 의식'이 전혀 없었던 것이다. 장시로 쓴 「류리엔렌의 이야기」 또한 중국인 강제 동원 노동자 류리엔렌(劉連仁)의 기구한 삶의 행장을 통해 일제의 만행을 고발하는 시로서 동아시아 민중들의 진정한 마음의 연대를 촉구하는 시라고 할 수 있다.

최근 한국 사회는 식자우환(識字憂患)이라는 말을 실감하는 시대라고 할 수 있다. 영혼도 없고, 사회의식도 없는 소위 잘난 '전문가'들이 너무나 많다. 한 사람의 지식 혹은 역량은 자기 혼자

잘나서 터득할 수 있는 것이 절대 아니다. 지식의 공공성을 성찰하지 않는 알량한 지식과 역량은 '먹고사니즘'의 수단이 되거나 사회적 흉기와 다를 바 없게 된다. 한마디로 말해 지식인은 죽었고, '쥐식인'들이 활개 치는 세상이라고 할 수 있다. 이 점에서 지식인 혹은 문화 기획자의 역량은 무엇이고, 어떻게 구현되어야 하는지 성찰하지 않을 수 없다.

이바라기 노리코의 시선집은 시, 지식, 문화 기획의 공공성을 생각하게 하는 좋은 텍스트이다. 시인이 쓴 「유월」의 한 대목을 인용하며 글을 맺을까 한다. "어딘가 아름다운 마을은 없을까/ (…) // 어딘가 사람과 사람을 잇는 아름다운 힘은 없을까/ 동시대를 함께 산다는/ 친근함 즐거움 그리고 분노가/ 예리한 힘이 되어 모습을 드러낼" 사람과 사람을 잇는 아름다운 힘은 결코 저절로 형성되지는 않는다. 그러므로, 우리는 살아 있는 한 살아 있는 것들의 편이 되어 살아가야 하는 것인지도 모른다.

문화원은
무엇을 위해
지역을
탐구하나?

"특히 아키비스트(archivist)와 활동가가 있지 않으면
전통문화는 소멸된다고 생각합니다.
이 부분에 굉장히 위기감을 가지고 있습니다.
왜냐하면 생산양식과 주거 양식이
변화했기 때문입니다. 과거 논농사에서 파생됐던
수많은 농경 세시와 놀이들이
농사가 기계화되는 생산양식의 변화로
다 없어진다는 것입니다.
… 과거의 생산 공동체부터 복원하고,
시스템화해서 보존하는 것이
문화원의 역할일 수 있습니다."

전고필, 「〔대담〕살아 있는 민속을 '아카이브'하기 위하여」 중

마을 기록과 구술사,
그리고 지역문화원의 역할

.... 윤충로 한국학중앙연구원 전임연구원

1981년 뿌리깊은나무에서 발간한『두렁 바위에 흐르는 눈물』은 제암리 학살 사건의 증인 전동례의 한평생을 다룬 구술 자료집이다.[1] 이는 전 20권으로 발간된 민중자서전 시리즈의 1권으로 한국에서 구술 자료를 이용한 첫 출판물로 알려졌다.

이 시리즈는『어떻게 허먼 똑똑헌 제자 한놈 두고 죽을꼬?』(3권),『장돌뱅이 돈이 왜 구린지 알어?』(5권),『베도 숱한 베 짜고 밭도 숱한 밭 매고』(6권),『사삼 사태로 반 죽었어, 반!』(14권) 등

---

[1] 전동례 구술, 김원석 엮음,『두렁 바위에 흐르는 눈물—제암리 학살 사건의 증인 전동례의 한평생』, 뿌리깊은나무, 1981.

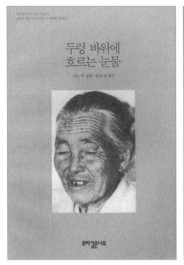

민중자서전 1권과 3권

구술자의 구술 느낌을 그대로 살려 민중의 다양한 삶의 모습을 담아내려 했다. 기존 역사에서 배제됐던 사람들의 목소리를 재발견하는 이러한 작업에 대해 보리출판사 대표였던 정낙묵은 "민중의 숨결이 살아 숨 쉬는 책 (…) 민중이 스스로의 삶을, 스스로의 말로, 스스로 드러낸, 맨 처음 책"이라고 평했다(『한국일보』, 2004년 2월 21일자). 한국에 구술사(oral history)가 제대로 소개되지도 않았던 1980년대, 구술 자료는 이미 '민중 읽기'의 중요 수단으로 활용되기 시작했던 것이다.

　　민중의 목소리를 재조명하는 것과 더불어 한국의 구술사 발전은 폭력적인 과거사와 함께했다. 일본군 '위안부' 피해자 문제, 제주 4·3사건, 5·18민주화운동 등과 같은 고통의 역사를 구술 증언으로 기록하는 작업이 구술사 확장의 토대가 됐다. 한국에서 구술사가 본격적으로 논의되고 구술 자료가 체계적으로 만들어지기 시작한 것은 2000년대 이후다. 이 시기의 특징은 연구나 사회운동 등의 목적으로 개인 또는 단체가 소규모로 행하던 구술 자료 생산이 국가기관으로 확장되면서 그야말로 구술사의 '붐(boom)'이 일기 시작했다는 것이다. 2002년 민주화운동기념사업회, 2003년 한국문화예술위원회 아르코정보예술관, 2004년 국사편찬위원회, 2005년 일제강점하강제동원피해진상규명위원회, 2006년 5·18기념재단, 2009년 한국학진흥사업 현대한국구술사연구 사업 등 다양한 기관이 구술 자료 수집·아카이브 구축을 진행했다. 각각 기관에 맞는 주제를 중심으로 한 구술 자료가 구축되기 시작했고, 현재는 수집을 넘어 연구와 활용의 문제가 주요 현안으로 제기되고 있다.

한편에서 과거사나 기관 목적 사업에 맞는 구술 자료 생산이 진행되는 가운데 지역사 관련 연구, 구술 자료 생산도 지속적으로 확장돼왔다. 최근 현대사 관련 연구들은 지역에서의 다양한 역사적 경험에 주목하고 있으며, 여기에서 구술 자료는 지역사를 재구성하는 '살아 있는' 자료로서 그 가치를 더해가고 있다(윤택림, 2012). 지역 구술사와 관련해 기존의 많은 연구나 자료 생산은 특정 역사 경험과 기억을 중심으로 했다. 그렇지만 최근에는 지역민의 생활문화사에 대한 관심이 높아졌다. 이는 "지방민이 주체가 되는 역사와 지역정체성이 만들어지는 지적 창조 과정"(염미경, 2006: 249)으로 구술사의 활용도를 높이고 있다. 지역사에 대한 관심이 높아진 데에는 1995년 지방자치제 실시가 큰 전환점이 되었다. 앞에서 언급한 바와 같이 "1980년대 '민중의 재발견'이 지방사를 지역 주민의 처지에서 접근할 수 있는 단서를 제공"(김태웅, 2008: 188)했다면, 지방자치제의 부활은 이를 구체화하고 지역정체성을 형성·발현할 수 있는 기회가 됐다. 구술사는 중앙보다는 지역, 지역에서도 마을 말단의 생생한 삶의 숨결을 담아낼 수 있는 유력한 수단으로 중요한 가치를 지닌다.

마을 기록에서 구술사의 유용성

그렇다면 구체적으로 지역 마을사를 만들어갈 때 구술사의 유용성은 어떤 것일까? 먼저 필자의 마을 조사 경험을 사례로 들어보겠다. 필자는 2017년 경기도 화성의 「매향리 역사·문화, 현대사 백서」 작업에 참여한 경험이 있다. 매향리는 1952년부터 2005년까지 54년 동안 태평양 미 공군사령부 산하 주둔 제7공군 소속의 미군 전용 폭격장(쿠니, Koon-ni)으로 쓰였다.

1988년 본격적인 주민 투쟁이 시작된 이후 폭격장 폐쇄까지 17년의 시간이 필요했다. 긴 투쟁기간 만큼이나 사회적 관심이 집중됐고 매향리 관련 보도, 방송국 탐사프로그램, 주민·시민사회 단체들이 만들었던 투쟁 관련 자료 등, 다른 지역보다 상대적으로 많은 자료들이 남아 있었다. 사실 '리(里)' 단위의 마을에 그

매향리 미군기지 관제탑 건물

정도의 기록이 남아 있는 것 자체가 매향리의 특징을 보여주는 것이기도 했다. 그렇지만 당시 화성시의 요청은 단순한 투쟁사가 아닌 매향리의 '역사, 문화'에 더한 현대사(투쟁사)였다. 매향리의 근현대 자취와 생활문화사를 포괄한 백서 집필이 필요했다. 문헌과 자료 조사와 더불어 연구진이 선택할 수 있는 최선의 연구 방법은 구술사적 접근이었다. 마을 단위의 구술사 연구는 '마을로 들어가기', '적절한 구술자 찾기', '마을 내 미시정치에 대한 이해' 등 많은 어려움을 수반한 작업이었지만 다음과 같은 점에서 매향리를 새롭게 조명할 수 있는 기회였다.

첫째, 마을로 들어가는 것은 기존 통념을 깨고 새로운 세계를 접하는 과정이라고 할 수 있다. 매향리 주민에 대한 외부인의 시각은 미군 폭격 훈련으로 인한 '사회적 고통'이다. 고통의 이미지가 너무 강해 구체적인 삶의 모습이 드러나지 않는 것이다. 그

153

렇지만 미군과의 어쩔 수 없는 공존 속에서도 매향리 주민들은 자신의 삶을 만들어나갔다. 그들의 이야기 속에는 척박한 환경을 자신의 삶터로 만들어갔던 사람들의 '평범'하지만, '평범할 수 없는' 삶의 애환이 녹아 있었다.

둘째, 매향리를 중심으로 한 주변 마을에 대한 구술 조사를 통해 삶의 터전인 갯벌을 둘러싸고 수십 년간 만들어져온 마을 간의 갈등과 투쟁, 타협 등 지역사의 미세한 결을 읽어낼 수 있었다. 또한 산업화로 인한 바다 생태의 변화, 그에 따른 주변 마을 주민들의 생활 세계의 변화를 생애사적 시간의 흐름을 따라가며 더 구체적으로 살펴볼 수 있었다.

셋째, 지역사 연구에서 가장 중요한 것 중 하나는 주민의 일상, 생활사 관련 자료 수집이다. 이러한 자료는 관이나 기관에서 주민들에게 제출을 요구한다고 해서 나오는 것이 아니다. 구술 면담 과정은 주민들이 일상을 살아가며 스스로 만들어왔던 다양한 자료를 접할 수 있는 기회다. 단적인 예로 필자는 매향리 주변 석천4리 구술 면담에서 마을 지도 한 장을 구할 수 있었다. 석천리는 1962년 피란민들이 집단적으로 이주하면서 90여 가구가 처음 정착해 만든 마을이었다. 초기 이주했던 강○○(현재 87세)은 구술 면담을 진행하는 과정에서 마을 형성 초기 손으로 그렸던 정착촌 마을 지도를 꺼내들었다. 달력 뒷장에 손으로 그린 이 지도는 당시 마을 형태와 주민 거주 상황을 세밀하게 보여준다. 구술 면담은 구술자의 삶과 그 자취들을 만날 수 있는 의미 있는 과정인 것이다.

화성시 우정읍 석천리 지도 일부

마을 단위의 '역사 쓰기'는 공식 역사와 기억에 대한 재조명뿐만 아니라 주민들이 자신의 삶의 조건 속에서 만들어가는 구체적 삶의 방식과 생활 세계를 보여준다는 점에서 중요한 의미를 지닌다. 구술사적 접근은 이를 위한 충분조건은 아닐지라도 소홀히 할 수 없는 방법으로 이미 자리를 잡아가고 있고 그 영역이 확대되고 있다.

지역에서의 구술 자료 생산과 지방문화원의 역할

구술 자료가 가치가 있다고 하더라도 그야말로 '꿰어야 보배'다. 그렇다면 구술 자료 생산 과정에서 기본적으로 놓치지 말아야 할 것은 어떤 것일까?

첫째, 한국에서 구술 자료 생산은 아날로그 테이프에서 디지털 녹음, 영상으로 빠른 매체 변화를 보이며 발전해왔다. 사실 이러한 변화는 구술사가 먼저 발전했던 서구보다 훨씬 빠른 것이다. 구술 자료 생산에서 꼭 영상이 필요한가에 대한 의문이 제

155

기되기도 한다. 물론 구술 자료 생산 기관의 목적, 현장 상황 등에 따라 구술 자료 목록은 달라질 수 있다. 그렇지만 영상은 구술자의 구술성, 구술 상황 등을 보여주는 자료로서 중요한 의미를 지닌다. 이후 자료의 활용도를 고려할 때도 영상 기록의 생산이 중요하다.

둘째, 구술 자료에 관련된 각종 서식의 구비다. 구술 자료를 충실히 만들었다고 하더라도 서식이 제대로 갖춰지지 않는다면 활용에 제약을 받을 수 있다. 서식은 각 기관의 구술 자료 생산 목적에 따라 응용해 활용할 수 있다. 기본적인 구술 자료 유형과 서식은 〈표1〉과 같다.

〈표1〉 구술 자료 관련 서식[2]

자료 분류	구술 정보 메타데이터	권리관계 메타데이터
내용	① 구술 자료 개요 ② 구술자 신상기록부 ③ 면담자 신상기록부 ④ 예비 질문지 ⑤ 면담 일지 ⑥ 구술 자료 상세 목록 ⑦ 시청각 자료 서식 ⑧ 문서 자료 서식 ⑨ 물건 자료 서식	① 구술 동의서 ② 구술 자료 공개 및 　활용 동의서 ③ 구술 자료 검독 확인서 ④ 구술 자료 비공개 내역서

2　이는 한국학중앙연구원 현대한국구술자료관에서 활용하고 있는 구술 자료 유형과 서식이다. 자세한 내용은 현대한국구술자료관 사이트 참조(https://mkoha.aks.ac.kr/IndexMain.do).

셋째, 구술 자료의 보존에 관심을 기울여야 한다. 구술 자료를 토대로 구술 자료집이나 책자를 간행한 후 구술 자료의 사후 관리가 제대로 이루어지지 않는 경우가 많다. 구술 자료가 1회성 활용에 그치고 제대로 관리되지 않아 망실되는 것은 예산 문제를 넘어 어렵게 생산한 소중한 지역사 자료를 잃는 것이다. 따라서 구술 자료 생산 기획 단계부터 생산된 자료의 사후관리와 보존 방침을 세워야 한다.

현재 전국적으로 230개의 지방문화원이 있다. 이 중 경기 지역에 가장 많은 31개가 있다. 문화원의 사업 내용 중에는 '지역문화의 계발·보존 및 활용', '지역문화(향토 자료를 포함한다)의 발굴·수집·조사·연구 및 활용'이 있다. 구술 자료 수집, 연구, 활용도 이러한 사업 내용에 기반할 것이다. 지역에 따라 다양한 구술사 관련 사업이 기획될 수 있다. 모든 사업이 그렇겠지만 구술 자료 생산에 관련한 사업을 진행하기 위해서는 문화원의 해당 사업에 대해 명확한 이해가 있어야 한다. 사업 담당자가 구술사에 관해 이해를 갖고 있는 것이 가장 좋겠지만 그렇지 않다면 구술사 연구 및 구술 자료 생산에 관련된 풍부한 경험을 갖춘 자문위원회를 조직하고 이를 적극 활용할 필요가 있다. 사업의 기획부터 결과물까지 자문위원회의 자문을 구하면서 담당자도 구술사에 대한 이해를 심화하고, 구술 자료 생산에 관련한 과정에 대한 전문성을 높일 필요가 있다.

구술 자료를 기획 생산할 경우 기획 단계부터 보존과 활용에 대한 기본적인 방침을 가지고 있어야 한다. 자료가 잘만 관리된

157

다면 지역문화원은 지역민의 목소리를 직접 생산, 관리, 보존하는 1차 기관으로 지역 정체성 형성과 지역 문화 발전에 기여할 것이다. 만일 지방문화원 차원에서 관리가 어렵다고 판단된다면 특별시, 광역시와 도에 있는 영구기록물관리기관 또는 국사편찬위원회나 국가기록원 등과 같은 기관에 위탁 관리할 수 있는 방안을 모색하여(윤택림, 2012: 231) 자료의 망실을 막을 수 있도록 노력해야 한다.

구술 자료를 포함한 마을 기록을 만들어가는 데 마을 주민, 혹은 지역사에 관심이 있는 지역 주민들이 주민 기록자가 되어 현지 조사를 하는 것은 기록 주체의 민주화 과정으로 큰 의의를 지닌다고 하겠다. 기초적인 교육부터 현장 교육까지를 망라할 수 있다면 더할 나위가 없을 것이다. 이를 위해서는 지역문화원 차원에서 체계적인 교육 프로그램을 마련해야 한다. 개별 문화원 차원에서 어렵다면 지역문화원 연합회 차원에서 고려해볼 만한 사안이다. 주민기록자 시도가 성공적이지 못하더라도 자신이 거주하는 지역의 기록에 대해 관심을 갖는 주민들이 늘어난다는 것은 분명 환영할 일이다.

마지막으로 언급할 것은 구술 자료는 구술자와 면담자의 공동 작업을 통해 만들어진다는 점이다. 구술자들은 이념 혹은 정치적 우려, 기록에 대한 불신과 몰이해, 혹은 소극적 태도 등 다양한 이유로 구술 면담을 꺼리는 경우가 많다. 구술자가 면담의 의미를 이해하고 자료 생산의 주체로서 적극적으로 참여할 수 있는 분위기를 만드는 것, 이는 구술 자료 생산에 관여하는 여러 주체들이 함께 노력해야 할 몫이다. 지방문화원의 경우 외부인들이 지역으로 들어가는 입구가 될 수 있다. 구술자 스스로가 구술 자료 생산의 적극적 주체임을 인식하고 참여할 수 있도록 문화원과 지역민 간의 지속적인 교류와 관계망을 만들어가는 것, 결코 쉽지 않은 일이나 이 또한 주민 기록가를 양성하는 것만큼이나 중요한 일일 것이다.

참고문헌

· 김태웅, 2008, 「해방 이후 지방지(地方誌) 편찬의 추이와 시기별 특징」, 『역사연구』 제18호, 역사학연구소.
· 염미경, 2006, 「지방사 연구에서 구술사의 활용 현황과 과제」, 『역사교육』 제98호, 역사학연구소.
· 윤택림, 2012, 「지방지(地方誌)와 구술사」, 『구술사연구』 제3권 2호, 한국구술사학회.
· 전동례 구술, 김원석 엮음, 1981, 『두렁바위에 흐르는 눈물』, 뿌리깊은나무.

159

살아 있는 민속을
'아카이브'하기 위하여

···· **때**

2019년 11월 17일

···· **곳**

이목구심서(전남 담양군 담양읍 객사3길 12)

···· **대담자**

전고필(이목구심서 대표)

···· **정리**

오다예(경기도문화원연합회 연구원)

'아카이브'라는 뜻에는 기록 보관, 체계적인 정리라는 의미도 있지만
무엇보다 중요한 것은 사람들이 손쉽게 접근하고 활용할 수 있도록
하는 것이다. 담양 죽녹원 근처 객사에 자리 잡은 동네 책방 '이목구
심서'는 향토 서적의 보관소이자 향토사 정보가 공유되는 커뮤니티
공간으로서의 역할을 자처한다. 공공의 역할이 미흡했다는 방증이기
도 하다. 문화원이 부족했던 부분을 되짚어보고, 무엇을, 어떻게 아카
이브해야 하는지 방향성을 찾는 데 참고하기 위해 향토사 전문 책방
'이목구심서'를 운영하는 전고필 대표를 만나 의견을 나누었다.

⟨편집자 주⟩

광주 대인예술시장 총감독으로 활동하실 때 선생님을 뵌 적 있습니다. 그런데 또 이렇게 담양에 책방을 내고 책방지기로 일하고 계시는 줄은 몰랐습니다. 들어오면서 향토사 전문 책방이라는 간판을 봤습니다. 담양에서 향토사 전문 책방을 운영하게 된 계기가 있으신가요?

이런 삶을 '노마드(nomade)'라고 하죠. 저는 광주 대인시장에서 오래 있었습니다. 대인시장 사업이 10년간 지속되었는데 그중에 5년을 제가 맡았습니다. 너무 오래 했다고 생각되기도 하지만 필요할 때 내가 있었다고 생각합니다. 그런데 또 5년간 사업이 연장되었으니 그런 상황에서 내가 계속한다면 그 자체가 권력이라고 생각했어요. 그렇다면 새 술은 새 부대에 담는 것이 낫겠다 싶어서 저는 미련 없이 나왔습니다.

이곳, 담양에 자리 잡게 된 것은 원래 제 고향이기 때문입니다. 담양도 지역별로 문화권이 다릅니다. 경기도 화성에서도 동탄은 다른 동네와 다르다고 생각하듯이 담양에서 제 고향은 창평 권역이고 여기 책방은 읍내 권역이에요. 전혀 달라요. 그럼에도 이쪽을 택한 것은 여기가 담양의 중심지 역할을 하고 있고, 죽녹원 근처라 방문객이 많기 때문입니다. 이 책들을 나누고 함께 공감하려면 사람들이 접근하기 좋은 곳이어야 하죠. 또 담양이 문화적 도시재생사업(국토교통부에서 추진하는 '2019년 하반기 도시재생뉴딜사업')을 하고 있는데, 다른 건 다 있는데 책방이 없다는 게 걸

161

3부   문화원은 무엇을 위해 지역을 탐구하나?

렸습니다.

　향토사 전문 책방으로 열게 된 것은 제가 향토사나 인문지리에 관심이 많았던 이유도 있지만 특별히 자극을 받은 계기가 있습니다. 일본 서점들은 첫 번째 서가가 다 지역사로 채워져 있었어요. 우리나라 서점에 들어가면 첫 번째 서가에 베스트셀러들만 모아놨잖아요. 두 번째 서가는 스테디셀러이고요. 일본은 첫 번째가 지역사회와 관련된 책들이 있는 거죠. 오키나와에 '울랄라'라는 헌책방을 갔었는데 오키나와에서 발간된 책들만 전부 있는 거예요. '뭐 이런 게 다 있나' 흥미로웠죠. 같이 간 제 친구가 그 서점 주인이 책을 냈는데,『오키나와에서 헌책방을 열었습니다』(효형출판, 2015)라고 한글로 번역도 되었다고 알려주었습니다. 한국에 와서 그 책을 보니 이 책방 주인이 대단한 여성이더라고요. 삼십대 중반쯤 된 여성인데 우리나라로 치면 교보문고쯤 되는 서점에서 일하다가 오키나와에 지사를 오픈하게 되었답니다. 오픈을 준비하면서 오키나와 책을 모으다 보니까 관련된 책이 너무 많더랍니다. 그런데 이것들이 모아져 있는 곳이 없으니 본인이 해야겠다고 생각하고 연고지가 아님에도 오키나와에서 향토사 전문 헌책방을 운영하는 거예요. 한국에서도 헌책방이 유행처럼 열리는데 향토사 전문 책방은 없었습니다. 내가 가지고 있는 향토사 관련 책만 해도 4000권 정도 되고, 여기저기 아는 사람들 좀 두드리면 책이야 얻을 수 있겠지 하는 생각으로 헌책방을 열려고 마음먹었습니다. 그리고 책방에 대해 더 깊이 있게 보려고 '울랄라' 책방에 한 번 더 다녀와서 실

163

164

3부 문화원은 무엇을 위해 지역을 탐구하나?

행에 옮겼죠.

문화원 자료의 접근성 문제

책장에 꽂힌 책들을 둘러보니 문화원에서 발간한 책들이 눈에 띕니다. 평소 문화원 자료가 지역문화 활동에 굉장히 많은 도움이 되었다는 말을 많이 하신 걸 들었습니다. 지역에서 일하는 기획자의 입장에서 문화원이 발행하는 향토 연구 자료들이 실질적인 도움이 될 수 있을까요?

'문화원의 자료가 얼마나 도움이 될까'라고 생각하는 것은 사람들이 문화원의 존재 자체를 몰라 접근을 못 하기 때문이라고 생각합니다. 지역에서 문화 기획 일을 하려면 일단 그 지역을 알아야 합니다. 지역을 알게 되는 관문 역할을 문화원이 합니다. 문화원을 가보면 그 지역의 땅 이름, 지리적 특성, 사람살이의 과정, 역사, 오늘 현재의 모습들, 이런 것들이 다 있습니다. 역사적인 중요한 순간들도 기록되어 있고, 그 지역 사람들이 뭔가 희망했던 일들이 전설이나 설화 속에 남아 있습니다. 그걸 읽고 나면 그 지역에 살지 않았어도 어느 정도는 내가 그 지역 사람으로 빙의가 된 것처럼 그 지역에 몰입할 수 있습니다. 거기서 쭉 훑어내면 기획과 관련된 키워드(열쇠 말)들이 나오죠. 그렇게 되면 일을 하기가 굉장히 수월해집니다. 일을 하다 보면 전혀 모르는 지역에서 축제를 하거나 마을 만들기, 도시재생 일을 하게 될 때가 있습니다. 무엇을 하더라도 문화원에 자료가 있다는 것을 알기 때문에 일을 풀어가는 게 쉽습니다. 그러니까 당연히 문화원 자료는 저에게 있어 모든 기획에 첫 번째 통로, 관문과 같은 역할을 합니다.

그렇게 공부를 하다 보면 또 다른 차원에서 유사성이 발견될 때도 있습니다. 예를 들어 망부석 전설은 장흥 억불산의 며느리바위라고 하는 전설과 유사합니다.

부잣집에 스님이 시주를 받으러 왔는데, 이 부자가 시주를 안 하고 똥을 담아준다든지 시주 박을 깬다든지, 문전박대를 합니다. 그런데 착한 며느리가 스님을 달래며 쌀을 몰래 줘요. 그랬더니 스님이, 곧 이 마을에 큰 홍수가 나서 너희 집이 물에 잠길 것이니 저 산으로 피해라, 그런데 절대 뒤는 돌아보지 마라, 그런 거죠. 그 후에 정말로 홍수가 나서 아기를 업고 피난을 가려는데 시아버지가 자꾸 걸려 뒤돌아볼 수밖에 없었지요. 그래서 뒤돌아보는 순간 굳어서 바위가 돼요. 이 전설이 소위 말하는 '장자못 전설' 유형인 것입니다.

강원도 태백의 황지연못도 이 유형과 같은 이야기를 담고 있어요. 이 집의 며느리도 뒤를 돌아봤다가 미륵 바위가 되었습니다. 정말로 바위의 모습이 딱 아기를 업고 있는 며느리 모습 그대로입니다. 장흥 억불산과 태백 황지연못의 비교문화적인 측면들, 이런 유사성도 문화원의 자료가 아니면 찾아보기가 힘듭니다. 물론 국문학이나 다른 데서 정리한 것도 있겠지만, 문화원에서 조사했던 자료들이 문화판에서 일하는 제게는 굉장히 실용적으로 사용되었습니다. 특별히 제 전공이 관광이라서 이런 내용을 공부하면 남들에 비해서 훨씬 더 이야기가 풍성해집니다.

문화원 자료는 어떻게 찾으셨나요? 주로 직접 방문해서 보셨나요?

일단 관심사가 있으면 그 관심사와 관련해서 나와 있는 자료들을 검색해봅니다. 지금처럼 인터넷이 발달되어 있으면 검색이 가능한데 옛날 같으면 직접 가야 합니다. 제 여행 수칙 중에 하나가 어느 지역에 가면 그곳의 향토사학자나 문화원을 찾아가는 거예요. 문화원에 가서 향토사에 대해 들어보면 생각지도 못한 역사가 나와요. 동학농민운동 하면 전라도 지역에서 왕성하게 활동했다고 하는데, 전혀 예상치도 못한 곳에서 동학과 관련된 책들을 발견합니다. 이건 직접 문화원에 갔을 때 가능한 일이죠. 이런 식으로 문화원에 방문해서 정보를 얻거나 문화원에서 나온 책을 보다 보면 맥락이 보입니다.

요즘에야 문화원과 가까우니까 쉽게쉽게 자료를 구할 수 있지만 옛날에는 정말 구하기 힘들었습니다. 문화원에서도 외부인에게는 책을 잘 안 주려고 했죠. 그럴 때는 내가 이 책을 가지고 가야 하는 이유를 이야기하면서 설득해야 했어요. 2000년 초반에 담양 소쇄원 누정 연구를 위해 산청문화원에 누정집을 받으려고 갔는데 책이 별로 없어서 못 준다는 것을, "제가 누정 연구를 하고 있습니다. 그리고 제 논문도 문화관광 자원에 관한 것들을 했었고 거기에 누정이 큰 역할을 하고 제가 소쇄원에서 1년

간 살았는데 최근에 소쇄원과 관련된 책도 한 권 냈습니다. 경상도 권역의 누정을 연구하면 서로 빛날 것 같으니까 저한테 주시면 제가 잘 쓰도록 하겠습니다", 그렇게 한 십여 분 이야기하고서야 가지고 올 수 있었습니다. 지금 같으면 책이 없어도 디지털화되어서 다운로드가 가능하지만 그때는 책 한 권 받는 게 고맙고 소중한 일이었죠.

문화원의 존재를 잘 몰라서 어떤 자료가 있는지 모르기도 하겠지만 자료에 대한 접근성 자체가 떨어지는 부분이 있는 것 같습니다. 그래서 한국문화원연합회에서도 원천 콘텐츠 발굴 지원 사업의 일환으로 문화원 자료 전수조사를 하고, 디지털화하는 작업을 계속하고 있지만 정작 문화원에 자료 요청을 하면 어떤 자료가 있는지 모르는 경우도 있고 또 도서관처럼 열람하기 쉬운 구조가 아니다 보니 찾아가서 열람할 수밖에 없습니다. 문화원의 향토 자료들이 기획자나 주민들을 상대로 접근성을 높일 수 있는 방법이 있을까요?

대대적인 홍보가 필요하다고 봅니다. '문화원은 지역에서 지식의 보물 창고다'라든지 어떤 큰 캠페인을 하는 것이 필요해 보입니다. 문화원이 가진 다량의 축적된 자료들과 깊은 역사를 보여줄 수 있게끔 하는 것이죠. '우린 이런 자료들을 가지고 있다. 그리고 언제든지 여러분 앞에서 이 자료들을 함께 공유할 마음이 있다'라고 하는 것들을 보여주는 대대적인 캠페인이 필요하다고 봅니다. 그리고 사실 제가 이렇게 책방을 운영하는 데에는 정치적인 이유도 있습니다. 거창한 것은 아니고 '개인이 이렇게 지역사회 자료를 모아놓고 있는데 국가는 뭘 하고 있는가?'라는 메시지를 전달하기 위함입니다. 한 달에 책 몇 권 팔리지 않습니다. 정부 기관에 있는 사람들이 몇 명 왔다가 갔는데, 아직까지는 그들도 이것을 개인의 일로 치부하고 있는 것 같습니다. 향후에는 이러한 일이 개인의 일이 아니라는 인식이 필요합니다.

이런 자료들이 여기에 있지 않으면 어디로 가겠습니까? 전부 다 파쇄되어서 재활용 휴지가 되거나 소각되는 것밖에 안 되잖아요. 그런데 이런 자료들을 생산하기까지는 엄청난 공력이 들어갑니다. 그렇기 때문에 문화원연합회와 문화부의 지역문화정책과가 나서서 문화원이 프로그램만 하는 기능, 발굴만 하는 기능이 아니라 연구 기능과 연구 결과를 공유하는 기능도 병행하는 곳이라는 것을 인식하고 문화원의 열람실을 활짝 열 필요가 있다고 생각합니다.

향토 연구에 대한 인식 : 자폐성, 폐쇄성

향토사를 연구하시는 분들을 보면 어떤 지명이나 위치를 가지고 서로 다르게 해석하는 경우들이 있습니다. 고증에 대해서도 의견이 분분한 경우가 있고, 일부 집단에서는 문화원 자료의 전문성에 대한 의문을 제시하기도 합니다. 선생님께서는 문화원에서 발간된 책들이 비교적 정확한 자료라고 보시나요?

그런 문제는 쉽지 않죠. 제가 그것까지 감별하기엔 전문성이 떨어집니다. 단지 이러한 설이 있고 저러한 설이 있다고 하는 거죠. 예컨대 목포라는 지명을 가지고도 목포 지역 사람들은, 유달산에서 보면 영산강으로 내려온 길 자락이 한눈에 잘 보이는 포구라고 해서 눈 '목(目)' 자를 써서 '目浦'(목포)라고 사용합니다. 그런데 외부 사람들은 영산강의 나무가 영산강 물을 따라 내려와 포구 쪽에 걸려서 '木浦'(목포)라고 이야기하지요. 이런 경우 지혜로운 사람은 한쪽에서는 이렇게 주장하고 다른 한쪽은 이렇게 주장한다 하고 넘어가는데 일부에서는 자못 심각하게 다툼이 일어나기도 해요. 그런데 이런 것들은 사실 증거가 없잖아요. 증거할 수가 없기 때문에 두 가지 설이 있다고 이야기해주는 게 옳다고 봅니다.

작년 신동호 선생님과의 인터뷰에서 제주도의 다랑쉬오름과 관련해서 '여러 가지 설이 있지만 A라는 설이 더 정겹다'라고 표현했다고 말씀해주신 부분이 흥미로웠습니다.

맞아요. 관련해서 재미난 일이 한번 있었어요. 재작년 일인데, 여기 충효동이라고 하는 마을 앞에 말 무덤이 있습니다. 그게 공원 안에 있어서 표지판을 만들려고 했습니다. 흔히 말 무덤이라고 하면 어느 장군이 타던 말의 무덤이라는 생각을 하는데, 동네 부녀회장이 여기는 그 말도 말이지만 나쁜 말을 묻어버리는 무덤이라는 뜻도 있다고 하는 겁니다. 그런데 이전까지 모든 조사에서 그런 해석은 없었어요. 나쁜 언어의 무덤을 '언총'이라고 하는데 이와 관련된 설은 없었습니다. 그런데 갑자기 이게 생성된 거예요. 그래서 공원 관리과에서 표지판에 이걸 쓰려고 한다면서 저한테 전화를 했습니다. 이렇게 써도 되냐고 묻길래 내가 이 분야에 박사면 결정할 수 있겠지만 그렇지가 않잖아요. 그래서 제 지도교수가 국문학, 민속학자셔서 전화해서 여쭤봤더니 "여러 가지 설을 다 쓰면 된다. 민속은 죽어 있는 게 아니다 살아 있는 거다"라고 말씀하시면서 "지금 현세의 사람이 그렇게 주장하면 그 말까지 기록해야 한다"라는 것입니다. 저에겐 충격이었어요. 그래서 그걸 다 썼습니다. 장군의 무덤, 마총, 언총, 그다음에 마을의 조산, 인공산 이걸 다 명시했습니다. 그런 것처럼 수용성을 가져야 하는데 공부하는 사람들은 특히 배타적이잖아요.

문화원도 향토사 전문가를 중심으로 지역의 역사를 조사하는 흐름이었다가 최근에는 경기도 문화원들을 중심으로 지역 주민들이 자신의 지역을 조사하고 구술 작업도 하면서 지역의 현재를 조사하는 사업들을 진행해나가고 있습니다. 이런 흐름에 대해서는 어떻게 생각하시나요?

문화는 결국 삶의 표현이고 삶의 흔적입니다. 문화원은 스스로 뭐랄까 자폐적인 현상에 갇혀 있었다고 생각합니다. 그 자폐라는 것은 그동안 너무 오만하거나, 자만했던 것이 아니었나 하는 의미에서 쓴 표현입니다. 우리만이 문화를 한다고 하는 자신감인 거죠. 또 하나는 폐쇄성입니다. 끼리끼리의 동무 의식이 있다 보니까 지금의 향교나 서원이 그러하듯이 나이 있는 사람들이 모이는 곳처럼 자기 위치 정립을 해버렸어요. 그리고 문화원 원장은 반드시 지역에서 어느 정도 지위가 있는 사람처럼 되어버리면서 오늘 살아 숨 쉬는 문화하고는 완전히 담을 쌓아버렸죠. 그 담을 쌓음으로써 현재 문화원들이 고립무원화되어버린 거죠. 문화원을 문화원이라고 인정하고 활용하는 곳은 문화부의 지역문화정책과뿐이지 일반 시민은 잘 모르고, 지역의 문화와 관련 있는 각종 기관들에서도 문화원을 동류의식을 가지고 만나는 집단이 아니라 외골수 집단처럼 생각하고 제외하는 현상들이 많이 있습니다. 결국 방금 말한 자만심이나 자폐성을 깨부수지 않으면 문화원은 소멸될 수밖에 없다고 봅니다. 아무리 문화부에서 예산 지원을 하고 「지방문화원특별법」이 있다고 해도 오늘날 변화하고 역동하는 삶의 현장, 문화의 현장에서 문화원의 존재감이 없다면 빨리 '태세 전환'을 해야 한다고 생각합니다. 그러기 위해서는 지역문화 현장과 소통, 공감대를 형성하면서 문화원의 지역 조사와 논의의 범주, 그에 대한 정책적 대안들을 만들어가야 한다고 생각합니다.

그다음 단계가 문화원에 대한 처우 개선이라든지 지역에서의 사회적 역할 이런 것들의 재정립입니다. 문화원 국장 월급이 재단 직원 초봉보다도 못한 경우도 있습니다. 그런데 어느 누구도 여기에 대해 이의를 제기하는 사람이 없어요. 문화원 스스로도 자신들이 해왔던 역할을 알리고, 의미 부여할 필요가 있습니다. 일례로, 도시재생 구역 평가할 때 구역 중 한 곳에 아카이브 공간을 만든다고 해서 제가 한마디 했습니다. 담양문화원이 그동안 발간한 책 가운데 지역사와 관련된 것이 육십몇 권 된다, 이것들에서 파생되어 만든 책도 엄청나다, 이것들만 모아도 자료가 한가득한데 다시 주민들이 아키비스트가 되어 발굴해나가면 얼마나 많은 것들이 나오겠나, 이런 자료가 모여드는 곳이 문화원이다, 하고요. 문화원이 그동안 자료를 축적해놓은 것이 있기 때문에 이것들을 잘 활용하면 지역문화의 구심점 역할을 할 수 있다고 생각합니다.

문화원의 역할 : 생활문화 양식의 보존

자폐성과 폐쇄성을 해소하려면 어떻게 해야 하는지, 덧붙여 문화원이 자원 활용이나 아카이브 측면에서 좀 더 나아가야 할 방향에 대한 제언을 해주신다면 어떤 게 있을까요?

일단 문화원의 메커니즘을 바꿀 필요가 있습니다. 원장부터 유급제로 갔으면 좋겠어요. 문화원장에게 무급제로 지역에 헌신이나 사회 공헌을 이야기하니까 문화의 메커니즘을 잘 알고 문화원을 활용할 수 있는 사람들이 오히려 들어올 수 있는 통로가 없어요. 문화원장 자리를 무보수 명예직으로 해도 물론 좋은 분도 계시지만 그렇지 못한 측면을 봤을 때, 전문직화가 중요하다고 생각합니다. 원장부터 직원들까지 다 전문직화하고, 공개 채용하는 것이 필요합니다. 물론 기존에 있었던 분들을 우대하는 것은 당연히 필요하겠죠. 전문직으로는 향토사 발굴 그리고 아키비스트로서 발굴한 것을 정리하고 체계화시키는 사람과 발굴된 것들을 가지고 직접 현장에 적용할 수 있는 활동가들이 필요하죠. 특히 아키비스트와 활동가가 있지 않으면 전통문화는 소멸된다고 생각합니다. 이 부분에 굉장히 위기감을 가지고 있습니다. 왜냐하면 생산과 주거 양식이 변화했기 때문입니다. 과거 논농사에서 파생했던 수많은 농경 세시기와 놀이들이 기계화되는 생산양식의 변화로 다 없어진다는 것입니다. 예를 들어 품종 계량으로 인해 볏단이 짧아졌어요. 긴 볏단으로 묶은 줄다리기 줄은 힘을 잘 받는데 볏단이 짧아지면 힘을 받지 못하니까 제대로 된 줄다리기를 못 합니다. 그럼 제대로 된 줄다리기를 하기 위해서는 과거의 전통적인 키 큰 벼를 생산해내는 생산공동체부터 복원하고, 시스템화해서 보존하는 것이 문화원의 역할일 수 있습니다.

경기 지방에 회다지 놀이라는 것이 있습니다. 회다지는 무덤에 관을 넣기 전에 흙을 단단하게 해주는 건데 요즘 장례문화가 많이 바뀌어서 무덤을 쓰지 않으니까 이 놀이가 많이 사라졌죠. 그럼 몇몇 집은 무덤을 쓰도록 만들어주는 것이 필요합니다. 어떤 양식을 보호하기 위해서는 그 지역 삶의 메커니즘을 그대로 구축하고 지키면서 살도록 하는 시스템이 필요한데 현장에서 직접 할 수 있는 축적된 노하우와 관계망을 가지고 있는 것이 문화원입니다. 이런 걸 하지 않으면 대한민국의 도시화, 산업화, 정

174

보기술(IT)화로 인해 우린 이렇게 살아왔다는 아이덴티티가 다 사라져버릴 것이라고 봅니다.

민속예술제나 문화원에서 진행하는 문화제들을 보면 말씀하신 것처럼 양식의 보존보다는 형태만 남아 있는 것 같다는 생각이 듭니다.

그것만도 고마워요. 그런데 조금만 더 들어가서 '우리 마을이 줄다리기 마을이야', '우리 마을은 회다지 마을이야', '우리 마을은 농요의 마을이야'라는 자부심들도 함께 만들어가야 합니다. 포항 별신굿 하는 분이 있는데 포항에서 굿이라고 손가락질하니까 부산에서 했죠. 그러니까 아예 부산에서 문화재 등록을 해버렸어요. 포항 별신굿이 아니라 부산 별신굿이 되어버렸죠. 이런 경우가 많습니다. 안성에서 웃다리농악 하시던 분이 평택으로 가버렸잖아요. 안성군에서 무형문화재 등록하려다 안 돼서 평택 웃다리농악이 되었다는 이야기가 있습니다. 이런 것처럼 뿌리에 근거한 것이 멸시받거나 천대받아 타 지역으로 이동해 그곳의 문화재가 되어서 산천에 근거한 원형을 찾아보기 어려워지기 전에 문화원이 정말 지역 문화제를 전통적으로 지키는 역할을 해야 합니다.

어떤 조사나 자료가 축적되면 그것이 콘텐츠로 재생산되기도 하고 활용이 되기도 하는데, 사실 자료의 축적이나 정리보다 콘텐츠가 더 눈에 보이는 성과로 인식되기 때문인지 문화원에서도 콘텐츠 생산을 계

175

속 해오고 있습니다. 그런데 아직 자료 조사가 제대로 되지 않은 상황에서 성급하게 콘텐츠화하려고 하는 경우도 있고, 콘텐츠의 질 자체가 떨어지는 경우도 있어서 문화원에서 과연 콘텐츠를 생산해내는 게 맞는가, 의문을 제기하는 경우도 있습니다. 전문적인 자료를 생산하고 축적하는 역할은 문화원에서 하되 콘텐츠의 영역은 외부에서 해야 한다는 의견도 있고요. 자료 조사와 콘텐츠를 분리하는 게 맞는 것인가 하는 생각이 들기도 하고, 문화원 여건을 생각하면 대책이 필요하다는 생각도 드는데 어떻게 생각하시나요?

앞에서 조직에 대한 이야기를 했습니다. 콘텐츠를 연구하는 사람이 분리되면 좋겠지만 문화원이 너무 연구에만 매몰되어 있다 보니 현장과의 괴리감이 있어 보입니다. 그리고 자치단체가 내려준 숙제가 너무 많아서 연구조차도 못 하는 경우가 많습니다. 이게 적절한 배분이 되어야 합니다. 대게는 콘텐츠로 활용하는 정도가 형평성에 맞지 않은 경우들도 있습니다. 그럴 때 객관적으로 풀어나가는 방식들이 필요합니다. 예를 들어 담양도 담양 읍내와 창평의 문화권이 다른데 담양 인구 4만6000명 중에 1만4000여 명이 읍내에 살고, 나머지는 뿔뿔이 흩어져 있습니다. 창평은 인구가 6000명도 안 돼요. 그렇게 되면 자치단체에서도 읍내에 더 신경을 쓸 수밖에 없습니다. 그런데 문화원도 같은 비중으로 가게 되면 창평 지역의 고유한 문화들이 깨집니다. 지역사회의 인구통계학적 특성, 인문지리학적 특성, 사회학적 특성, 이것들에 준해서 객관적으로 콘텐츠의 발굴과 활용이 같이 병행되어야 하고 한쪽으로 치우쳐선 안 된다고 생각합니다. 그래서 전 문화원에 사람들이 필요하다고 봅니다. 문화원이 지금까지는 향토사 발굴과 관련된 전문 연구원이나 향토사연구소가 있는데 연구뿐만 아니라 실행까지 같이 갈 수 있는 조직이 훨씬 더 경쟁력도 있고 또 문화원의 전문성 강화에도 도움이 될 것으로 보입니다.

'지역 소멸'이 이슈가 되기도 하고, 지역의 경계가 많이 사라지고 있는 부분이 있습니다. 이런 상황에서 지역문화를 지키고, 발굴하고 원형을 보존하는 일들이 지금의 청년 세대나 이후 세대와 만나기 위해 문화원은 어떤 방향성을 가지고 가야 할까요?

지역문화는 자기 삶의 뿌리이자 자기 정체성을 확인할 수 있는 증거입니다. 아무리 도시화가 된다 해도 사람들은 자신 안에 흐르고 있는 기질을 통해서 자기 정체성들을 확인해나갑니다. 한민족이다, 배달민족이다 이런 것이 아니더라도 이 국토가, 이 산하가 키운 나 자신이 어디로부터 시작되었는가라고 하는 자기 정체성을 확인할 수 있는 것이고 동질감을 확인할 수 있는 계기가 됩니다. 그 안에서 내재된 지식이나 경험들이 향후에 새로운 창의적인 것들을 만들어나가고 실험해보고 행동으로 이어나갈 수 있는 바탕이 될 수 있기 때문에 지역문화를 아는 것은 굉장히 중요한 부분이라고 생각합니다.

덧붙이자면 아까 말씀드렸던 전통문화를 원형 그대로 보존하

177

는 것뿐만 아니라 발전시키기 위해서는 젊은이들이 반드시 핵심적인 역할을 해야 한다고 봅니다. 일자리로서 뿐만 아니라 예를 들어 용인의 민속촌이 오랫동안 연희패들이 운영했던 방식에서 지금은 새로운 위탁자가 들어와 대학이나 시민들에게 열어놓으니까 훨씬 더 탄력을 받아서 실습의 장이자, 놀이의 장이자, 학습의 장이기도 하고, 향후에 자기 미래를 도모할 수 있는 마당으로 쓰이고 있습니다. 지역에 있는 문화재가 그러한 마당으로 활용될 수 있도록 문화원이 일정 부분 역할을 하기를 바랍니다.

문화원이 자폐성과 폐쇄성이 아닌 유연성과 포용성이 필요하다는 생각이 듭니다. 특히 '민속은 죽어 있는 것이 아니라 살아 있는 것이다'라는 말씀이 기억에 남습니다. 지방문화원의 성과를 홍보하고 의미 부여해야 한다는 점에서 경기도문화원연합회의 어깨가 더 무거워지는 것 같습니다. 오늘 긴 시간 동안 많은 말씀해주셔서 감사합니다.

사라진 길 위에서
기억을 깨우다

최
서
영
(주)
더
페
이
퍼
대
표

공동체, 우리들의 서사가 남아 있지 않다

한국 사회는 발전과 개발을 시대 변화의 가장 중요한 요소로 여긴다. 그 결과, 우리가 가진 지역성은 빠르게 훼손되고 지역의 공간은 물론, 그곳에 사는 사람들의 생활 모습과 문화까지 획일화되고 있다. 그렇기 때문에 우리에게 필요한 것은 발전 속도에 따라 너무나 빠르게 사라져가는 마을 기반의 이야기, 공동의 기억을 기록하는 작업이다. 이를 통해 우리의 정체성을 지키고 소중한 역사를 후손에게 대물림해야 한다.

우리나라는 일제강점기와 한국전쟁을 겪으며 100여 년의 짧은 시간 동안 근대화, 산업화, 민주화를 거쳤다. 이 과정에서 개발과 발전, 그리고 효율성이 모든 것에 우선되었다. 우리는 앞만

179

사라진 길 위에서 기억을 깨우다

수원시 새류동 어르신들(『골목잡지 사이다』 12호, 더페이퍼)

3부 문화원은 무엇을 위해 지역을 탐구하나?

보고 땀 흘리며 달려왔고 그 덕분에 많은 성과를 얻었다. 그러나 당장의 발전에 불필요한 것들은 너무나 쉽게 버려졌다. 개발지향적이고 근대적인 토건 프로그램이 이웃 간의 유대감, 상호 호혜적인 관계, 돌봄의 문화 이런 것들을 다 깨버린 상황이라고 볼 수 있다. 오랜 관습이나 전통도 효율과 일상의 편리함을 위해서는 빨리 버려야만 했다. 공동체는 해체되고 개인의 욕망 실현을 위한 무한 경쟁이 대물림되고 있다.

헬레나 노르베리 호지의 『오래된 미래』는 개발 중심의 사회가 획일적이고 단일한 문화를 양산하면서 오랫동안 지역이 가지고 있던 다양한 문화가 소멸되고, 더불어 그곳에 축적되었던 지식도 함께 파괴되는 현실을 고발하고 있다. 물신을 좇느라 파괴된 공동체와 자신에게서조차 분리되어 버린 사람들. 산업화, 도시화가 진행될수록 전통적인 마을공동체는 변형되거나 해체되고 결국은 소멸될 것이다. 이젠 바야흐로 물신의 시대이다.

마을 기록 활동은 소리 없이 사라져가는 비공식적인 지역 역사와 문화에 관한 기억의 흔적과 조각을 모아가는 과정이다. 마을 기록은 지역의 문화를 풍부하게 만드는 역할을 하며 역사에서 비껴 있던 민중의 생활사를 기록한다는 데에도 큰 의의가 있다. 몸으로 일하는 수많은 보통 사람이 역사의 주인공인데도 성공한 사람과 중앙의 역사만 기록된다면 결국은, 기록에서 소외된 수많은 보통 사람들이 후세에 역사의 주인공으로 인정받지 못하는 왜곡된 역사가 반복될 것이다. 이것이 성실하게 일하는 보통 사람들에 관한 기록이 중요한 이유이고 기록자들이 공동체를 기록하면서 지향하는 목표이다.

공동체를 기록하는 이러한 태도는 기록 대상에 가치를 부여하는 일이다. 민중 스스로 자존감을 갖게 하고, 우리 사회를 건강하게 만들 수 있으며, 넓게는 한국의 문화 다양성을 지켜 국가 전체의 튼튼한 문화 구조를 갖게 하는 길이다. 공동체의 기록 속에 우리의 미래가 담겨 있다고 믿고 있다.

지향점은 언제나 공동체 내부에 있다

공동체 기록의 의미는 무엇인가.

첫 번째는 공동체 자생의 아카이브(archive) 구축과 지향이다.

공동체 아카이브는 자신들의 기록이 없다는 현실 모순에 대한 내적 자각, 그리고 직접 기록이 있더라도 타자의 시선으로 자신들이 기록된다는 것에 대한 자각이다. 공동체가 주체가 되어 각 공동체의 개성, 개별성에 기반한 공동체 아카이브가 구축된다.

마을은 단순한 지리적 공동체가 아니다. 같은 공간에서 사회적 작용에 의해 가치를 공유하는 집단이며 일상생활의 토대로서 생산과 소비, 일과 놀이, 삶의 희로애락이 있는 공간이다. 마을 기록은 사람들의 관계와 지역적 특성을 담는다.

역사 없는 사람들에게 가장 중요한 것은 나날의 삶일 수밖에 없다. 그러기에 민중들에게 일상적 삶은 전쟁이나 혁명보다 중요하다. 공동체의 기록들은 개인적 의미를 넘어 개인들의 삶이

182

모여 시대의 역사가 기록된다는 측면이 있다. 그들 일상의 기록을 통해 스스로가 자기 삶의 주인공임을 자각하게 하며, 지역 사람들의 진솔하고 디테일한 이야기는 공감을 일으키고 이러한 마주침은 세대 간의 벽을 허물고 공동체의 소통을 원활하게 하는 역할을 한다.

두 번째는 공동체가 수집 주체라는 것이다.

주류 문화기관들이 공동체 아카이브를 수집할 때 타자의 시선에서 공동체를 하나의 수집 대상으로 간주하는 것과 달리 이 기록에는 마을공동체가 주체가 된다. 공동체의 어떤 기록이 중요한지 공동체를 대변하는 기록이 무엇인지 기관들은 잘 모른다는 것이 나의 생각이다. 공동체들이 어떻게 기록을 생산하고, 그 공동체에서 중요한 기록이 뭐며, 주로 그 기록이 어디에 모이며, 그래서 정말 보존해야 하는 기록을 어떻게 선별해야 하는 것인지 잘 아는 사람은 바로 공동체 구성원들이기 때문이다.

지역민의 구술 기록은 지역의 민중 생활사로서 중요한 가치를 지닌다. 마을 주민이 모여 기록네트워크를 만들고 지역의 이야기를 찾아 기록하고 보여주는 전 과정을 진행한다. 마을 주민 스스로 기록에 참여하는 행위는 지역성과 공동체성을 강화하고, 주민의 참여를 지속하게 하는 공동체 아카이브의 가치를 갖는다. 주민 자신의 방식으로 기록하고 이를 쉽게 이용할 수 있도록 하는 '주체적' 역할은 공동체 아카이브 구축의 중요한 요소이다.

세 번째는 마을 아카이브의 구축은 컬렉션의 구축보다는 풀뿌리운동의 과정이다.

183

마을 기록을 풀뿌리운동의 일환으로 본다면 마을 주민 간의 소통이 무엇보다 중요하다. 주민이 서로 소통함으로써 마을 아카이브에 대한 합의 체계를 만들고 마을공동체 내부에 지속가능한 내적 동력을 확보할 수 있기 때문에, 운동 속에서 진행되는 소통 그리고 다양한 공유 이런 것들이 상당한 의미를 지닌다.

'마을기록학교' 운영을 통한 시민 기록자 양성과 기록 네트워크 구축

지역을 기록으로 남기는 데 있어서 가장 필요한 것은 시민 기록자의 양성이다. 지속적인 시민 기록자의 참여는 지역 기록 작업에 가장 기본적으로 필요한 요소이기 때문이다. 시민 기록자의 양성은 '마을기록학교'와 같은 형태의 교육 과정을 통해 장기적으로 수행하여야 하며 민간과 공공이 함께 협력하여 운영하는 것이 바람직하다.

'마을기록학교'는 마을 기록에 대한 이해도를 높이고, 기록 작업 방법을 배우면서 더 많은 주민이 마을 기록에 참여할 수 있는 시민 기록 학교이다. 지역 주민의 삶을 지속적으로 생동감 있게 담아내기 위해서는 마을 단위의 기록 사업을 추진하고 시민 기록자 커뮤니티를 운영하여 마을 아카이빙(archiving) 플랫폼을 구축할 필요가 있다. 바람직한 마을 담론을 형성하고 지역사회와 긴밀한 네트워크 속에서 현장에 접목된 경험과 역량을 축적하여 시민이 주체가 되는 마을 기록의 선순환 구조를 만들어가

184

야 한다.

'마을기록학교'를 통해 첫 번째, 그동안 마을 기록 작업에서 지역 주민이 대상화되는 한계를 벗어나 주민이 적극 참여하고 주체적인 역할을 할 수 있도록 해야 한다. 두 번째는 과거 전승 문화를 기록하는 차원이 아니라 현재 주민의 관점에서 마을이 가진 문화적, 역사적 자원과 그것의 미래 활용 방안에 초점을 맞추어 기록해야 한다. 세 번째는 마을 주민의 욕구를 파악하고 시민 기록자, 마을 주민, 전문가가 충분한 인적 유대와 협력, 의견 수렴을 이룰 수 있는 구조로 과정 중심의 활동으로 운영해야 한다.

'마을기록학교'를 통해 양성한 시민 기록자가 중심이 되어 마을에서 오랫동안 살아오신 분들의 기억을 구술 채록함으로써 옛마을의 흔적을 찾아내고, 이를 통해 지역의 수많은 문화 콘텐츠를 모아내는 기초 자료를 구축할 수 있다.

구체적으로 구술 기록, 사진 기록, 공간 기록과 어제와 오늘의 이야기까지도 기록하여야 한다. 전승되어온 전통과 민속자료, 전쟁, 새마을운동 등 개인의 삶에 영향을 미쳤던 커다란 사건들을 구술을 통해 기록하고, 늘 우리 곁에 함께한 물건들을 통한 생활 기록도 의미 있는 작업이다. 또한 지금은 사라진 공간에 대한 기록과 시대마다의 마을 지도를 만드는 작업도 의미 있는 기록물을 만들 수 있다.

수집 대상은 마을의 성장 과정, 커뮤니티 생성과 발전, 마을의 갈등과 해결, 마을기업의 활동, 마을 행사, 마을 사람의 일상에 관한 기록이다. '마을기록학교'에서 함께 모여 시작된 이야기가

185

작업을 통해 조금씩 '내 것'이 되고 서로의 역사를 공유하게 된다. 기억의 공유는 설명을 건너뛰게 한다. 굳이 말하지 않아도 아는 것이다. 함께 공유한 경험이 있다는 것, 그리고 기억을 공유할 수 있다는 것은 더 많은 기억할 만한 것들을 함께 만들어 갈 수 있게 한다.

마을이란 함께한 기억을 공유하는 관계이며, 공유한 기억을 되살리면서 관계를 돈독하게 만들어가는 것이다. 우리가 과거의 기억들을 모아 기록하는 것은 단지 과거의 기억을 교류하고 공감하기 위한 것이 아니다. 기억의 기록화는 마을에서 세대를 잇는 징검다리가 될 것이다.

양성한 시민 기록자들이 커뮤니티를 통해 서로 협력하고 소통하게 된다면 그 지속가능성은 더욱 강화될 것이다. 많은 시민 기록자가 참여하고 커뮤니티 간의 연대가 활발할 때 우리의 기록 생태계는 더욱 건강해질 것이다.

『골목잡지 사이다』와 지역문화원이 함께 만든 아카이브 '수여선'

동네에서 발행되는 『골목잡지 사이다』(이하 '사이다')는 수원 골목의 사람, 자연, 문화의 소소한 이야기를 담고 있다. 이 지역에서 살아온 사람의 삶과 그 사람이 살아온 시대를 조명하고, 기록되지 못해 사라질지도 모르는 이야기를 발굴하고 저장하는 일을 해오고 있다.

'사이다'는 동네 사람들이 오랜 시간 살아오며 만들어내는 이웃의 일상과 마을에 뿌리내리고 살아온 사람들의 내력을 기록하는 일, 지역의 문화예술을 담아내는 일, 마을 사람들과 즐겁게 소통할 수 있는 지역공동체 미디어로서 민중의 생활사를 느리지만 꼼꼼하게 기록한다. 잡지 속 활자 하나하나, 사진 한 장 한 장이 그렇게 사람과 사람 사이의 관계 속에서 완성되어간다.

'사이다'는 사회적기업 (주)더페이퍼가 회사 수익금을 사회에 환원하는 방식으로 발행비를 마련하고, 지역의 전문가들이나 예술가, 시민사회 그리고 주민의 자발적인 참여와 후원으로 만든다. '사이다'에 참여하는 사람들은 마을 속에서 살고 그 일상의 삶의 이야기를 '사이다'에 싣는다. 잡지에 수록되는 모든 글과 사진, 그림은 별도의 원고료 지불 없이 싣고 있으며, 상업적 판매가 아닌 무가지로 발행하여 계절마다 5000부를 지역에 배포하고 있다.

그간 '사이다'는 경기도 지역 아카이빙 활동을 통해 지역의 역사적 사실을 더욱 폭 넓게 수집하면서 경기도 지역문화원과 협력하고 그 결과물을 공공과 민간이 함께 공유하는 작업을 진행하였다. 『전쟁으로 고향을 떠나온 경기도민 이야기』(경기도사이버도서관, 2014)와 전시 《지금은 잊혀진 협궤열차 이야기—수여선》 (수원 선경도서관·용인 중앙도서관·이천 효양도서관·여주도서관, 2015), 전시 《오빠생각》(수원 가빈갤러리, 2017) 등 지역의 이야기를 기록으로 남기는 작업을 꾸준히 진행하였다.

그중 《지금은 잊혀진 협궤열차 이야기—수여선》 아카이브 작

시민 기록자와 함께하는 '수여선 도보 답사'

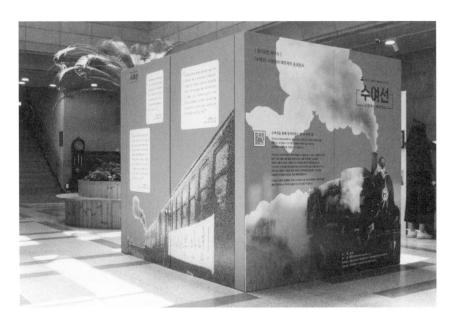

'수여선' 아카이브 전시

3부 문화원은 무엇을 위해 지역을 탐구하나?

업은 수원에서 여주 간 운행되었던 협궤열차 '수여선(水驪線, 수려선)' 이야기를 찾아 나섰다. 수여선은 일제강점기인 1930년 12월 여주 지역의 쌀 수탈을 목적으로 부설되었다. 해방 이후에는 여객용으로 운영되며 수원과 용인, 이천, 여주 사람들의 삶을 이어주다 1972년 폐선되어 사람들의 기억 속에서 자취를 감추었다.

수여선이 운행되었던 수원, 용인, 이천, 여주 등을 찾아다니며, 남아 있는 기록 자료, 사진 자료, 사람들의 구술을 통한 기억 등을 낱낱이 조사하고 기록으로 남기는 작업을 진행하였는데, 시간의 흐름에 따라 길이 변하고 그에 따라 지역이 어떻게 변화하였는지도 답사를 통해 알아보았다. 특히 이 작업은 수원문화원, 용인문화원, 이천문화원, 여주문화원과 함께 아카이브 구축 작업을 진행하였다. 여기에는 구술 채록과 출판을 위한 원고 작업, 다큐 작업 등 일반인이 공유할 수 있는 2차 저작 활동도 포함되었다.

조사는 기억을 가진 사람들의 구술 인터뷰, 현장 답사, 전문가 원고 등 여러 방면에 걸쳐 심층적으로 이루어졌다. 조사자가 참여한 관찰, 청취, 인터뷰 등이 중요한 수단이었다. 특히 구술채록과 더불어 모은 자료를 중심으로 결과를 기술·정리하고, 그 의미를 해석하고 분석하고자 하였다.

이 아카이브 작업은 지역문화의 보고인 지역문화원들과 예산 집행자인 공공기관, 그리고 민간 출판사가 참여하여 지속가능한 지역 아카이빙 방법의 하나로 자리 잡는 계기가 되었다. 지역문화원의 참여로 구술자의 선정과 각 지역에 흩어져 있던 소중한

189

수여선 관련 수집품

3부　문화원은 무엇을 위해 지역을 탐구하나?

관련 자료들을 문화원을 통해 지역의 소중한 아카이브로 구축할 수 있었고, 이 구축 작업에 소요되는 제작비는 '경기도메모리' 사업의 일환으로 경기도사이버도서관을 통해 조달하였으며, 완성된 인터뷰 내용과 사진, 구술 영상은 '경기도메모리' 웹사이트(https://memory.library.kr)에서 제공하고 있다. 도서 출간과 수원에서 여주까지 4개 도시를 순회하는 전시도 진행되었다. 수집된 자료는 참여한 각 문화원에 공유되었으며, '사이다' 12호(2015)에 게재되었다.

지역민의 삶은 계속 이어지고 수집해야 할 대상들도 계속 생산되고 있다. 따라서 지속성이 담보되는 아카이빙이야말로 살아 있는 아카이빙 활동이라 할 수 있을 것이다. 지속적인 지역 아카이빙을 위해서는 지역사회 안에서 다양한 공동체와 소통하고 협력하며, 마을과 사람을 연결하며 꾸준하게 지속하는 것이 필요하다. 그와 더불어 지속가능한 기록 생태계 조성을 위한 자구적인 노력과 정책적 방향이 꼭 고려되어야 한다.

단기적 프로젝트로 박제되는 아카이브가 아닌 지역민의 삶 속에서 지속적으로 수행되고 기록의 사회화를 통해 지역의 사람과 마주치고 재생산되는 살아 있는 아카이빙을 위해서는, 기록 생산자의 기록 주권을 인정하고 협력함으로써 결과보다는 과정을 중시하는 기록화 전략이 필요하다고 생각된다.

공동체 아카이브는 연대를 통해 더 큰 의미를 발휘할 수 있다. 민간과 공공이 함께 참여하는 거버넌스형 기록 네트워크가 형성되어 논의의 장이 마련되었으면 한다.

민간 매체를 통한 아카이빙은 다양한 시각으로 당대를 기록해서 담아놓고, 고여 있지 않고 지속적으로 기록한다. 공공에서 하는 것은 어떤 사업을 통해서 한 번에 끝내고 말지만, 민간에서 하는 것은 한 번 간 곳을 다시 갈 수도 있다. 박제화된 기록이 아니라 살아서 계속 덧붙이고 업데이트되는 아카이브이다. 민간의 자율성을 보장하고 다양한 시선으로 접근할 수 있는 아카이빙이 되도록 하는 게 중요하다 생각된다.[1]

마지막으로 마을 기록물이 수집, 보존, 활용될 수 있는 국가적 차원의 제도, 교육, 예산 지원 방안을 마련하고 시스템을 구축하는 국가의 정책을 기대해본다.

1 이형희, 지역문화잡지의 지역아카이빙 활동과 발전방향연구, 51p. : 한신대학교 대학원 기록관리학 석사논문, 2018

지역문화 정체성과
아카이브 구축

.... 한기홍 서산역사문화연구소 소장

향토사학자의 첫 아카이브 경험

2018년, 서산시 문화도시사업단의 요청으로『서산 원도심 이
야기』를 발간하기 위하여 충남 서산의 대표적인 원도심이며 한
때 서산의 최고 번화가였던 번화1로와 번화2로를 조사한 경험
이 있다. 이 조사를 바탕으로 서산의 원도심에 대한 자료를 확보
할 수 있었고 이를 토대로 원도심 자료 보관소 겸 전시 공간인
'남양여관'을 개관할 수 있었다. 남양여관은 1970년대 지어진 여
관으로 10여 년 전에 폐업하고 건물만 도심 한가운데 흉하게 남
아 있던 건물이다. 이를 리모델링하여 서산 원도심의 역사를 한
눈에 확인할 수 있도록 각종 사진을 전시하는 공간으로 탈바꿈
시켰다.

193

『서산 원도심 이야기』와 아카이브 전시

3부 문화원은 무엇을 위해 지역을 탐구하나?

향토사 연구를 업으로 하는 사람에게 아카이브 조사는 생소한 분야였지만 이 일도 향토사의 한 범주에 포함된다는 생각에 선뜻 응했다. 그러나 막상 일을 시작하고서는 경험 부족으로 일머리를 몰라 많은 시행착오를 겪었다. 인터뷰에 응한 사람들의 수십 년 지난 기억들은 명확하지 않았다. 동일한 질문에 사람마다 답변이 달랐다. 심지어 포강(작은 저수지 규모의 물웅덩이)의 위치도 제각각 달랐다. 존재했다는 사실은 인지하고 있지만 그 위치를 정확하게 특정하지 못했다. 때문에 반드시 복수의 인터뷰 대상자를 두고 교차 확인을 해야 할 필요가 있었다.

인터뷰는 반드시 향토사가 또는 그 지역에서 수십 년 이상 거주해서 지역에 대한 기본적인 지식을 가지고 있는 사람이 해야 한다. 실례로 서산의 우시장은 현재까지 다섯 번 위치를 옮겼는데 인터뷰를 하면 모두 서산 우시장이라고 말하지만 인터뷰 대상자의 나이에 따라 그 위치가 각각 달라서 사업 수행자들이 혼선을 빚었다. 또한 인터뷰 시 본인의 직접경험을 통한 인식과 추상적인 인식을 구분해서 들어야 한다. 본인의 경험에서 나오는 내용은 명료하지만 그 외의 부분에서는 추상적으로 말하는 경우가 있다. 게다가 전해 들어서 알고 있는 얘기를 본인의 얘기로 말하는 경우가 종종 있었다. 지나고 나니 이러한 일들도 『서산 원도심 이야기』의 자양분이 되었음을 깨달을 수 있었지만 가능하다면 이러한 일은 없는 것이 사업 수행에 좋을 것이다.

특히 요즘은 도시재생사업이 많은 곳에서 붐을 이루고 있다. 앞으로는 이러한 부분도 지역 주민들과 함께 고민해야 할 것이

195

서산 원도심 아카이브 전시 공간으로 탈바꿈한 '남양어관'

다. 또 효율적으로 사업을 수행하기 위해서는 체계적이고 새로운 방법론을 모색해야 할 것으로 생각된다.

지역문화의 가치

세상 만물 중에 변하지 않는 것은 없다. 시간과 공간으로부터 자유로울 수 있는 존재는 없기 때문이다. 만약에 있다면 그것은 오직 '변한다'라는 사실 하나뿐일 것이다. 이 변화가 인류 문화를 탄생시킨 주역이다. 인류는 이 변화에 대응하여 최적의 적응을 하고자 부단히 노력했다. 그 적응의 과정과 결과를 우리는 문화라 일컫는다. 그러므로 정치도 하나의 문화현상이고, 경제도

196

하나의 문화현상이며, 이해하기 어렵겠지만 사회도 하나의 문화현상이다. 그렇기에 문화예술, 스포츠, 교육, 과학기술 등에 결혼, 부고, 상업성 광고 따위가 첨가되면 그날의 신문 전체가 된다. 그러므로 신문 전체 내용이 신문 발간일의 문화현상들인 것이다. 물론 여기에는 기사화되지 못한 내용들이 더 많지만 말이다. 이러한 제 현상들을 이해하기 위해서는 문화에 대한 이해가 선행되어야 한다. 문화에 대한 이해 없이 지역문화를 이해할 수는 없기 때문이다.

우리는 일반적으로 문화를 표기하면 한자로 문화(文化)라 하고 영어로는 컬쳐(culture)라 한다. 한자의 의미에서 '文'(글월 문) 자가 의미하는 바는 수없이 많지만 그중 하나가 현상(現狀, 현재의 상태)을 의미한다. 대자연에 사람의 인위적 노력을 더하여 현재의 상태로 되었음을 뜻하는 것이다. 서구적 견지에서 문화(culture)의 어원은 논밭을 경작하고 작물을 재배하거나 배양함을 의미한다. 대자연에서 인류가 생존하기 위해서 행했던 모든 일들과 그 결과물이 문화인 것이다. 여기에는 농업혁명, 산업혁명, 정보혁명, 앞으로 본격적으로 다가올 제4차 산업혁명 등도 포함된다.

이렇듯 문화는 한마디로 정의하기에는 너무도 큰 개념이어서 우리가 이를 단어 몇 개로 짧고 명확하게 정의하기란 쉽지 않다. 그러므로 문화의 반대말인 자연을 먼저 떠올리는 것이 합리적일 것이다. 즉 자연의 반대편에 있는 모든 것. 바로 그것이 문화이다. 자연과 혼동하기 쉬운 단어 중의 하나가 환경이라는 것이 있다. 환경은 과연 자연의 범주에 포함될까, 아니면 문화의 범주에 포함될까? 의외라 생각할 수 있겠지만 환경은 문화의 영역 안에 있다. 산업사회가 성립되기 이전에는 환경이라는 단어는 자연환경이 전부였기 때문에 대자연과 동일시되었다. 그러나 가내수공업을 필두로 초기 산업사회를 거쳐 후기 산업사회에 이르면서 공장에서 배출되는 폐수와 공장 굴뚝의 시커먼 연기가 우리의 삶에 큰 영향을 미친다는 것을 경험적으로 습득했고, 이로 인해 환경이라는 분야가 인간 삶의 한 부분으로 편입되어 정착했다. 즉 최근에 문화의 한 분야가 된 것이다. 그래서 문화는 유기체적 특징을 갖는다.

서두에서도 말했듯이 광의로 문화를 정의한다면 대자연 속에서 인류가 생존하기 위해 행한 모든 행위와 그 결과물이 문화라 하겠다. 그러나 협의로 문화를 정의하면 상식, 교양, 예절, 규범 등을 지칭할 수도 있다. 이 경우에는 사회의 범주 안에 문화를 포함시키는 것이다. 일반적으로 많은 부문에서 이러한 협의의 의미로 문화가 사용되고 있는 것도 사실이다. 그러나 궁극적으로 문화와 사회라는 개념을 비교하면 사회가 문화에 포함된다. 왜냐하면 인류는 대자연 속에서 멸종하지 않고 생존하기 위해서 스스로 사회적 동물로 진화, 발전해왔기 때문이다. 그러므로 사회는 앞에서 언급한 환경처럼 인류가 만든 문화적 산물인 것이다.

많은 사람들이 문화(文化)와 예술(藝術)을 동일시하는 우를 범하는 것처럼 문화(文化)와 문명(文明)을 동일시하는 경향이 있다. 문화와 문명의 차이를 이해하면 지역문화를 자연스럽게 이해할 수 있다. 필자는 지역문화를 쉽게 설명하기 위해 종종 다음의 예를 들어서 설명하곤 한다.

역사적으로 인류의 4대 문명은 나일강 유역, 유프라테스·티그리스강 유역, 인더스·갠지스강 유역, 황하강 유역의 문명을 지칭한다. 그런데 이를 지구 전체를 놓고 보면 지구상의 어느 특정 지역을 의미하게 된다. 즉 우리가 알고 있는 4대 문명은 지구의 어느 특정 지역에 소재하며 발전한 지역문화인 것이다. 이 4대 문명의 발생지는 위도와 경도가 각각 다르므로 기후, 온도, 습도, 풍향, 강우량, 지형 등등 모든 조건이 다를 수밖에 없다. 그러므로 지구상에 존재했던 모든 문명은 각각의 특징을 가지게 된다. 이 범위를 줄이고 또 줄여서 생활권 내로 축소시키면 우리가 말하는 지역문화가 되는 것이다. 동일 국가, 동일 문화권 안에서도 저마다의 지역적 특징이 있기 마련이고 이 특징이 지역 사람들에게 영향을 미쳐 일정한 경향성을 띠게 한다. 바로 이것이 지역문화요, 지역문화 정체성인 것이다.

지역 아카이브를 대하는 자세

지역별로 산하, 지형, 산업의 형태 등이 모두 다르다. 따라서 해당 지역 주민의 생활 방식에서도 다소의 차이가 있을 수밖에 없다. 이러한 차이를 찾아낼 수 있어야 지역의 정체성을 담은 아카이브를 구축할 수 있다. 중앙의 역사가 영웅호걸의 역사라면 지역의 역사는 이름 없는 골목 평범한 지역 주민에게서 나오기 때문이다. 중앙의 역사든 지역의 역사든 간에 규모 면에서 차이가 있을지언정 똑같이 소중한 것임에 틀림없다. 비록 작지만 그 일의 가치를 인식하고 이를 기록하는 것은 대단히 중요한 일이다. 소소한 일일지언정 지역 주민들의 삶을 기록하는 것은 조선왕조실록의 사초를 뽑는 것만큼 지역의 역사를 기록하는 데 있어서는 소중한 것이다. 지역 아카이브를 위해서는 지역에 대한 정확한 이해와 더불어 지역민에 대한 애정이 있어야 할 것이다. 그리고 다음과 같은 것들이 뒤따라야 할 것이다.

첫째, 지역의 자연 지리적 특징과 지역문화 정체성에 대한 이해가 선행되어야 한다. 지역문화란 그 권역을 생활권역까지 줄여서 일정 지역에 거주하는 지역민들의 공통된 생활양식이 그 지역의 지역문화가 되는 것이다. 그러므로 행정구역과는 많은 부분에서 다르거나 또 겹칠 수도 있다. 자연지리적 특징이 지역민들의 삶에 영향을 미쳐 그 결과가 지역문화 정체성으로 나타나게 된다. 어느 지역도 예외일 수 없다. 자연지리적 조건은 그 지역의 역사와 그 지역민의 사고방식 및 행동 양식에 영향을 끼치며 항상 상관관계에 있다.

둘째, 아카이브를 구축함에 있어서 가장 중요한 것은 방대하고 충분한 양의 자료가 소장되어야 한다는 데 있다. 그런데 아카이브를 활용하는 사람의 입장에서는 소장된 자료들이 체계적으로 분류되어야 한다는 점이다. 그래야 활용 가치가 높기 때문이다. '구슬이 서 말이라도 꿰어야 보배'라는 말처럼 아무리 많은 양의 자료도 정리되어 있지 않으면 활용에 많은 애로가 따른다.

셋째, 지역민의 삶을 담아내야 한다. 해당 지역민의 삶이 녹아 있는 내용이어야 그 아카이브가 지역적 특색을 가질 수 있다. 그래야 콘텐츠의 활용이 가능하게 된다. 수원에 살든 서산에 살든 하루 세끼 밥 먹는 것은 똑같기 마련이다. 수원 밥의 의미와 서산 밥의 의미가 구별된다면 금상첨화일 것이다.

넷째, 민관 거버넌스 형태로 아카이브 구축 사업을 수행하면 효율적이다. 어느 사업에도 비용을 수반하게 된다. 지역 기록화 사업이라는 아카이브 구축 사업의 예산은 관에서 지원하고 일은 전문가와 지역 주민이 주도적으로 하면 효율적이고 이상적인 모습이라 생각된다. 그리고 관의 행정력이 동원되면 섭외 등 많은 부분에서 과업을 수행하는 데 도움이 되기 때문이다.

지역문화의 압축파일을 푸는
지명 유래

·········· 임재해 안동대학교 민속학과 명예교수

사람 이름과 다른 땅 이름의 지리 정보

사람 이름과 땅 이름은 낱낱의 사람과 땅을 구별하여 일컫는 고유명사이다. 사람 이름은 작명 형식에 따라 이름의 두 음절 가운데 돌림자가 있어서, 사실상 한 음절만 이름 구실을 한다. 따라서 독립지사 '안중근'의 이름을 보면 성씨가 '안'이고 '근'이 돌림자라 아우 안정근, 안공근과 분별하는 고유의 음절은 오직 '중'뿐이다. 그러므로 고유명사로서 변별력이 떨어진다.

더 문제는 아기 때 어른들이 이름을 지어주는 까닭에 사람됨과 이름은 아무런 연관성이 없다. 그러니 이름 '안중근'은 독립지사라는 뜻과 아무런 관련이 없다. 실제 인간 안중근은 사냥꾼, 천주교도, 독립지사로 시기마다 다른 삶을 살았다. 다만 우리가

독립지사 안중근을 특히 주목하고 기릴 따름이다. 그러므로 인명사전에는 인명 유래나 전설이 없다.

그러나 땅 이름은 같은 고유명사라도 사람 이름과 전혀 다르다. 작명 방식부터 거꾸로다. 땅에 관한 일정한 근거에 따라 땅 이름이 지어지기 때문이다. 형식 논리에 얽매이지 않고 땅의 내용과 형태, 위치 등에 따라 제각기 일컫다가 주민들의 합의에 따라 어느 하나로 자연스레 귀결되면서 결정된다. 이처럼 땅 이름은 민주적으로 일컬어지는 공동작인 까닭에 땅의 이름과 실제 땅은 상당히 유기적인 관련이 있다. 이름만 들어도 땅을 알 수 있는 정보를 담고 있을 뿐 아니라, 땅과 이름의 관계를 잘 풀어서 지명의 내력을 설명하는 지명 유래도 있다. 그러므로 지명사전에는 지명 유래가 긴요한 정보 구실을 한다.

지명은 지역 정보를 담고 있는 압축파일

행적을 모르는 사람의 이름을 보고 그 사람을 알 수 있는 길은 전혀 없다. 이름 자체가 정보를 전혀 담고 있지 않는 까닭이다. 그러나 땅 이름은 땅의 실상과 역사와 기능에 관한 정보를 여러모로 담고 있다. '논골' 마을은 예전부터 논농사를 지은 마을이고, '보나루'는 냇물을 건너던 나룻배가 운행되던 포(浦)이며, '솔뫼'는 산기슭에 소나무 숲이 훌륭한 경관을 이루고 있는 마을이다. 현리(縣里)에는 예전에 현이 있었고 탑골, 탑마, 탑리에는 으레 탑이 있기 마련이다.

이처럼 마을 이름에는 마을의 생업과 기능, 생태, 지리, 역사, 입지, 행정, 문화 등에 관한 정보가 저장되어 있다. 골짜기 이름도 일정한 정보를 담고 있는 지명이다. '조탑리(造塔里)'에 5층 전탑이 있는 것처럼, '모랫골'에 모래가 많고, '당골'은 신을 모시는 당 터가 있으며, '못골'에는 저수지가 있고, '절골'에는 절이 있었다. 이처럼 지명은 지질을 비롯해서 민속신앙, 수리시설, 문화유산 등의 정보를 담고 있는 압축파일이다.

안동시 송천동 솔뫼마을의 소나무 숲. 지금은 마을공원으로 조성되어 있다.

3부 문화원은 무엇을 위해 지역을 탐구하나?

모든 지명은 인명과 달리 땅의 특성을 귀납하여 이름이 지어지기 때문에 땅의 실제 사실과 일정한 연관성을 지니지 않을 수 없다. 장승을 세우던 곳을 '장승백이'라 하는 까닭에 사라진 장승문화의 전통을 복원할 수 있고, 가난한 남매가 빠져죽은 못을 '남매지'라 하므로 빈부 차에 따른 지역사의 비극을 읽어낼 수 있다. 그러므로 지명 조사만으로 지역의 지질과 입지, 생태 등의 지리적 정보는 물론, 행정과 역사, 신앙, 전통 등의 인문학 정보도 두루 발굴할 수 있다.

지명 유래는 지명의 압축파일을 푸는 열쇠

흥미로운 것은 행정동에 속한 여러 모듬살이마다 이름이 있을 뿐 아니라 골목과 놀이터, 개울, 빨래터, 언덕, 들에도 이름이 있어서 다양한 지리적 정보를 제공한다는 점이다. 마을을 나서서 들로 산으로 가도 주민들의 행동반경에 속하는 공간에는 모두 그렇다. 따라서 산과 골짜기, 들, 시내, 숲, 고개, 소(沼) 등에도 제각기 고유한 이름이 있으니 주인 없는 땅은 있어도 이름 없는 땅은 없다고 해도 지나치지 않다.

지명은 보이는 땅에 관한 보이지 않는 인문학 정보와 지식을 담고 있는 압축파일이다. 왜냐하면 지명 속에 역사적 사실과 문화적 전통의 세계를 압축하여 갈무리하고 있기 때문이다. 지명의 압축파일을 잘 풀면 그동안 몰랐던 지방사와 지역 문화 연구에 획기적인 성과를 거둘 수 있다. 그러므로 지명 조사 활동을 하는 것은 잊힌 지방사 발굴이자, 숨겨져 있는 지방문화의 보물 찾기나 다름없다.

지명과 함께 유래와 전설이 전승되기도 한다. 지명 유래가 특정 지리적 장소의 이름 내력을 풀이한 단순한 설명에 머문다면, 지명 전설은 지명 관련 유래가 일정한 구조의 이야기를 이루어 서사문학의 형상을 갖추고 있다. 따라서 지명 유래나 지명 전설은 지명의 압축파일을 푸는 열쇠이자, 사실상 지역의 문화유산 해설사나 향토사가 구실을 한다. 지명 전설은 인물 전설과 함께 전설의 중요한 양식이자 설화문학 작품이라고 할 수 있다. 그렇기 때문에 구비문학 조사를 가면 먼저 지명 전설부터 수집한다.

지명 유래 조사의 나비효과로 되찾은 문화유산

지명 유래는 지명만으로는 도무지 알 수 없는 정보를 설득력 있게 설명해준다. 예를 들어 '하이마'라는 마을 이름은 유래를 모르면 무슨 뜻인지 알 수 없다. 그러나 임하현(臨河縣)에 대해서 아래쪽에 있는 임하(臨河)라는 뜻으로 '하임하(下臨河)' 곧 '하이마'로 일컫게 되었다는 유래를 알면 지명의 의문이 풀린다. 유래는 하이마의 지리적 위치와 입지를 포착하는 긴요한 정보를 제공하는 것이다.

임하현의 절터에 있는 안동시 임하면 임하리 5층 석탑(경북 유형문화재 180호)

하이마 지명 유래 조사는 나비효과처럼 임하사지(臨河寺址) 발
굴 성과까지 거두었다. 안동부의 읍지(邑誌)인 『영가지(永嘉誌)』에
는 "부(府)의 서쪽 7리"에 임하사 절터와 전탑(塼塔)이 있다고 했는
데, 기록과 달리 임하사 절터는커녕 전탑도 찾을 수 없었다. 임
하는 안동부의 동쪽에 있으며 절터와 탑들이 남아 있는데, 정작
서쪽 일대에는 절터는커녕 전탑도 보이지 않았던 까닭이다.

그런데 지명 조사에서 '하임하' 유래와 함께 절골의 지명도 찾
아냈다. 유래에 따라 하이마의 절골을 찾아가 지표 조사를 한 결
과, 마침내 임하사 전탑지(塼塔址)를 발견할 수 있었다. 정식으로
전탑지 발굴 조사를 하여 보물급 은제 사리장치(舍利藏置)까지 수

습하는 성과를 거두었다. 지명과 지명 유래가 거둔 고고학적 성과이다.

하이마에는 풍수 전설을 겸한 '학의마' 전설도 있다. 초상을 당한 상주가 중을 대접하고 묫자리를 잡았다. 중은 하관할 때 "한 자만 파고 묻어야 한다"고 했다. 광중(壙中)을 파내려가니 한 자 깊이에서 바위가 나왔고 상주는 관을 그 위에 묻으려고 했다. 그러자 어른들이 나무라며 더 깊이 파라고 하여 바위 한쪽을 곡괭이로 들어 올리는데, 학이 날아올랐다. 깜짝 놀라 바위를 덮고 묘를 썼으나 발복하지 못했다. 그 뒤로 '학의 마(을)'라고 하다가 '하이마'가 되었다는 전설이다.

중의 비범한 안목과 학을 품고 있는 땅의 경이로움이 얽혀 있는 명당 전설이다. 비범한 능력과 초월적 경이가 사람들의 상식에 의해 부정되고 불행한 결말에 이르는 전설의 구조를 갖추고 있다. '하임하'가 '하이마'로 일컬어지면서 '학의 마' 명당 전설이 덧붙여졌을 수 있다. 지명이 먼저 있고 그 지명에 맞추어 유래나 전설이 뒤에 지어지는 경우도 있다. 지명을 거꾸로 유추하여 지어낸 전설이라도, 지역의 역사와 문화를 반영하는 기능은 다르지 않다.

지명 전설로 포착한 성주 신앙의 메카 발견

"성주의 본향이 어드메냐 경상도 안동 땅 제비원이 본일레라."

제비원 미륵불. 아미타여래상인데 주민들은 으레 미륵이라 일컫는다. 불상 위에 '연자루'라는 전각을 지어 불상이 비를 맞지 않게 하였는데 지금은 자취만 있다.

성주 신앙의 본향 안동 제비원 법바우 당산에서 성주맞이 큰 굿을 하고 있다.

지역문화의 압축파일을 푸는 지명 유래

성주풀이에서 성주 신앙의 본향으로 노래되는 안동 '제비원'도 지명 전설이 없으면 어떤 정보를 담고 있는지 알 수 없다. 연비원(燕飛院)이라는 옛 지명을 근거로 제비와 관련된 역원(譯院)이라는 추론이 가능할 뿐이다. 그러나 제비원에는 20여 가지 관련 전설이 있는 데다가 성주풀이까지 구전되고 있어서 제비원 관련 문화사 정보를 풍부하게 전해주는 미디어 구실을 한다.

제비원에 사는 연이(燕伊) 처녀와 이웃 마을 김씨 총각의 사랑 이야기가 있는가 하면, 형제 석수장이가 나라 최고의 조각가가 되기 위해 미륵을 조각했다는 전설, 그리고 목수가 제비원 미륵을 덮는 연자루(燕子樓)를 짓고 기와를 이은 뒤 지붕에서 뛰어내려 제비가 되어 날아갔다는 전설도 있다. 제비원에 비범한 소나무가 있었는데, 세종이 지나갈 때는 가지를 들어서 길을 터주고, 세조가 지나갈 때는 가지를 늘어뜨려 길을 막은 대부송 전설도 있다. 따라서 '제비원'의 지명 유래와 전설 조사를 통해 지역문화의 다양한 세계를 포착하는 것은 물론, 이곳이 성주 신앙의 본향이라는 사실까지 알아차리게 된다. 그 결과 제비원은 민족 신앙의 유일한 메카로 주목받게 된다.

특정 공간을 일컫는 지명이 여럿인가 하면, 하나의 지명에 유래나 전설이 여럿이기도 하다. 지역의 여러 근거에 따라 지명과 지명 풀이가 거듭 지어지는 까닭이다. 지명과 유래가 여럿일수록 지역 사료는 더 풍부하게 된다. 안동에 있는 선어대(仙魚臺)의 경우 산기슭 아래 깊은 소(沼)에 인어가 깃들어 있다가 마씨 총각의 도움으로 용이 되어 하늘로 올라갔다는 전설에 따라 소는 선어대, 들은 마뜰, 마을은 용상(龍上)이라 불렀다. 하나의 전설에 세 곳의 지명이 창출된 것이다.

지명 유래 다양성과 열린 사유의 지역 이해

  '하임하'를 '하이마'라 하는 것처럼, '선어대'를 '서너대'라고도 한다. 서너대의 유래는 선어대의 벼랑을 따라 만들어진 오솔길의 모롱이가 헤아리기에 따라서 셋이나 넷이 된다고 해서 붙여진 이름이다. 큰 모롱이만 헤아리면 셋이고 작은 모롱이까지 헤아리면 넷이어서 서너대인 것이다.

  지명을 '선어대'로 표기하지만 사실 '서너대'라는 지명이 지형을 지리적으로 설명하는 데 더 적절한 이름이다. 그러나 서너대는 맞고 선어대는 틀렸다고 할 수 없다. 왜냐하면 선어대의 소는 인어나 용이 살 만큼 아주 깊었기 때문이다. 따라서 같은 지역의 두 지명은 서로 다른 정보를 제공하는 까닭에 모두 유용하며 둘 다 옳다고 봐야 한다. 같은 지명에 여러 유래가 전승되는 경우도 모두 긍정적으로 수용해야 한다. 여러 유래가 다 옳은 것은 물론 오히려 유래가 여럿일수록 지역에 대한 더 풍부한 정보를 얻을 수 있기 때문이다.

  안동 마령리의 분통골 유래는 세 가지가 있다. 그곳에서 분토(粉土)가 난다고 하여 분통골이고, 지형이 오목하여 분통처럼 생겼다고 분통골이며, 동네에 초상이 많이 나서 분통 터진다고 분

통골이다. 앞에서도 언급했지만 정확한 분통골 유래는 이 가운
데 어느 하나라고 여기고 다른 둘을 버리면 안 된다. 왜냐하면
세 유래가 모두 분통골의 상황을 잘 설명하고 있는 까닭이다.

  첫째는 지역의 토질을 나타내는 지명이다. 분토가 많이 난다
는 지질 정보가 담겨 있다. 둘째는 마을이 생긴 형상을 나타내는
지명이다. 분지형으로 오목하게 분통처럼 생겼다는 지형 정보이
다. 셋째는 사람들의 심성과 감정을 나타낸 지명이다. 사람들이
잘 죽어서 울화가 치밀었다는 주민들의 집단 정서를 나타낸 정

보이다. 유래에 대한 세 가지 정보는 서로 상보적일 뿐 아니라, 분통골에 관한 마을 정보를 더 다각적으로 제공한다. 이처럼 지명 유래는 여럿일수록 더 흥미로울 뿐 아니라 지역문화를 이해하는 폭을 더 넓고 깊게 한다.

지명이 지역의 역사와 문화 정보를 저장한 압축파일이라면 지명 유래는 그것을 풀어주는 열쇠라고 했다. 지명은 물론 지명 유래를 다양하고 풍부하게 거듭 조사하는 것이 바람직하다. 지명 유래는 사라져버린 지역의 역사와 문화 지식을 간직한 무형의 박물관이자 책 없는 도서관이다. 그러므로 지명 유래 지식으로 지리정보와 지역사회의 문화유산을 다양하게 포착하게 되면, 지역문화 연구와 발전에 긴요하게 활용할 수

안동시 선어대 원경.
벼랑 밑의 깊은 소에
인어가 깃들었던 곳이라 하여
선어대(仙魚臺)라고 하는데,
굴짜기 모롱이가 서넛이어서
'서너대'라고도 한다.

213

있으며 지역의 미래를 전망하는 창조적 상상력을 마음껏 발휘
할 수 있다.

새로운 경기도의
노래를 만나다

지역 콘텐츠, 지역 자치의 완성

　세상은 노래로 가득하다. 이미 만들어진 노래도 다 못 들을 정도로 많다. 전 세계에서 날마다 새롭게 나오는 곡이 2만 곡이라고 했던가. 한국 대중음악의 경우 하루에 30장 이상의 신곡과 새 음반이 새로 더해진다. 누군가 애써 만든 노래들은 누군가의 마음을 향해 날아간다. 어떤 노래는 손에 닿아 내내 만지작거리는 노래가 되고, 어떤 노래는 심장에 꽂혀 핏줄을 타고 흐른다. 장르와 스타일, 이야기도 다양하다. 음악이 상품이 된 시대, 스마트폰 하나면 세상의 거의 모든 노래를 다 만날 수 있는 시대, 음악은 어느 때보다 우리와 가깝다.

　그런데 요즘 음악에는 내가 사는 동네 이야기는 드물다. 우리

215

새로운 경기도의 노래를 만나다

동네 큰 나무 이야기라든가, 동네 마트 김 씨 이야기, 늘 보는 앞산이나 뒷강 이야기가 노래가 되는 경우는 드물다. 초중고교 교가에는 남아 있지만 대체로 천편일률적이다. 음악이 민요처럼 창작자를 알 수 없는 만인의 손에서 전문가의 손으로 넘어간 뒤의 변화이다. 대중음악에는 흔한 사랑과 이별 이야기, 홀로 감당하는 외로움과 자신을 밀고 가는 꿈 이야기가 대부분이다. 음악에 동네가 없고, 지역이 없다.

물론 자이언티의 〈양화대교〉, 버스커버스커의 〈여수 밤바다〉, 정태춘, 박은옥의 〈정동진〉처럼 특정 지역을 노래한 곡들이 완전히 사라지지는 않았다. 김트리오의 〈연안부두〉, 안정애의 〈대전부르스〉, 이난영의 〈목포의 눈물〉, 남인수의 〈이별의 부산정거장〉, 조용필의 〈돌아와요 부산항에〉, 최성원의 〈제주도의 푸른 밤〉처럼 특정 지역을 오랫동안 대표해온 곡들도 있다. 각 지역 사람들은 누구나 알고, 다른 지역 사람들도 아는 노래들은 어느새 그 지역의 얼굴이 되었다. 표정이 되고 주름살이 되고 눈물이 되었다. 눈물 닦는 손수건이 되기도 했다. 깃발처럼 펄럭이는 노래들도 적지 않다. 지역 명물이나 특산품처럼 저절로 떠오르는 노래는 지역의 역사를 함께 짊어지며 애환을 달래고 지역을 지켰다. 더 이상 그 지역에서 살지 않는 이들에게도 이 노래들은 고향으로 가는 열차, 아니 고향이나 진배없다.

하지만 이 노래들은 대부분 도나 광역시 단위의 큰 지역 이야기인 경우가 많다. 그보다 작은 우리 동네나 지역을 노래한 경우는 드물다. 그리고 이미 오래전 이야기인 경우가 대부분이다. 상당수의 지역 노래가 트로트 장르라서 젊은 세대의 감성에 잘 맞지 않기도 하고, 더 이상 없는 풍경을 기록해 새로운 세대를 어리둥절하게 만들기도 한다. 바로 여기, 바로 지금을 현재의 음악 어법으로 기록한 노래는 적다. 노래에 지역은 이름만 들어가고 대동소이한 사랑과 이별 이야기로 채우는 경우도 적지 않다. 세상이 서울을 중심으로 돌아가듯 음악 안에도 지역이 고르지 않다. 다행히 최근에는 지역의 인디 뮤지션들이 지역을 주제로 음반을 내는 사례가 조금씩 늘고 있다. 싱어송라이터 이권형, 파제 등이 주도한 '인천의 포크 싱글 시리즈' 작업과 경인방송이 제작한《인천—Sound of Incheon》, 임인건의《All That Jeju》음반 등이 대표적이다.

지역을 노래하는 일은 지역 자치를 실질적으로 완성하는 일이다. 지방자치제를 실시한 지는 벌써 24년째 되어가지만 한국의 경제, 문화, 사회, 정치 등 대부분의 권력과 콘텐츠가 서울에 집중되어 있기 때문이다. 지역은 서울을 뒷받침하기 위해 존재하지 않으며, 서울의 생산물을 소비하기 위해 존재하지 않는다. 우리는 한국인인 동시에 특정 지역의 시민/주민이라는 정체성을 동시에 갖는다. 서울을 중심으로 표준화할 일이 아니다. 사투리를 희화화하거나 여러 지역의 '핫 플레이스'만 쫓아다닐 일도 아니다. 식량을 자급하는 일이 중요하듯, 지역의 문화 역시 최대한 지역에서 생산하고 향유할 수 있는 생태계가 있어야 한다. 그래야 지역마다 다른 상황과 역사와 삶을 온전히 담을 수 있다. 지역 사람들도 서울만 바라보지 않게 된다.

　그래서 경기도문화원연합회가 지역 아카이브 및 지역문화 콘텐츠 제작의 일환으로 《지금, 여기 우리들의 노래》를 만든 일은 시도 자체로 반짝인다. 경기도문화원연합회는 지방문화원 원천 콘텐츠 발굴 지원 사업의 일환으로 경기도 18개 지역 내의 향토 사학, 마을지, 발간 서적, 구술 자료를 바탕으로 음악을 한 곡씩 만들었다. 그렇게 만든 열여덟 곡의 음악을 두 장의 시디(CD)에 담았다. 그동안 문화원에서 만든 자료 대부분이 책자 중심이다 보니 지금처럼 매체가 다양해지고 콘텐츠 소비 방식이 달라진 시대에 확장성이 떨어진다고 평가했기 때문이다. 그만큼 음악의 힘이 강하고 보편적이기 때문이기도 하다. 음악은 시공간의 제약을 받지 않고 향유할 수 있다. 광고/영화/드라마/영상물 등으로 활용하기도 편리하다. 시대가 바뀌어도 음악의 인기는 여전하다. 아니 음악의 인기는 더욱 높아진다. 〈여수 밤바다〉처럼 잘 만든 음악이 지역을 실질적으로 변화시키는 모습을 볼 수 있지 않나. 좋은 음악은 지역을 재생시키는 밑거름이 될 수도 있다.

　경기도문화원연합회는 지역문화원을 통해 지역 노래의 소재와 주제를 모으고 함께 기획했다. 그러나 지역의 이야기를 서울의 창작자에게 부탁하는 방식으로 진행하지 않았다. 그런 방식으로는 지역문화를 튼실하게 키울 수 없기 때문이었다. 지역의 알토란 같은 작사가와 작곡가를 찾아 작업을 부탁했고, 노래와 연주 역시 각 지역의 뮤지션들에게 맡겼다. 그래야 지역의 문화가 성장할 뿐 아니라 작업의 열매 역시 지역으로 돌아올 수 있기 때문이다. 지역을 노래한다는 결과물만 중요한 것이 아니다. 지역문화 역량이 일을 하고 경험을 쌓으며 콘텐츠를 축적하는 과정 자체도 의미가 있다. 이 과정에서 경기도문화원연합회는 총괄 기획을 맡고, 프로듀서, 편곡자와 협력하여 음악 작업을 진행했다.

그 결과 열여덟 곡의 새로운 노래가 태어났다.《지금, 여기 우리들의 노래》음반이다. 광명을 노래한 〈달과 바람에 실어〉, 광주를 노래한 〈같이 걸을까〉, 구리를 노래한 〈동구릉에서〉, 김포를 노래한 〈다시 꿈꾸는 조강〉, 동두천을 노래한 〈동두천 City Pop〉, 수원을 노래한 〈화성 가는 길〉, 시흥을 노래한 〈아침저녁으로 부르는 노래—호조벌에서〉, 양주를 노래한 〈유양팔경〉, 연천을 노래한 〈내 사랑 연천 아리랑〉, 용인을 노래한 〈처인성 연가〉, 이천을 노래한 〈장호원 난다〉, 파주를 노래한 〈우리는 파주랍니다〉, 평택을 노래한 〈평택은 들이다〉, 포천을 노래한 〈금수정에 올라〉, 하남을 노래한 〈도미 아리아〉, 경기도를 노래한 〈지금 여기 우리들의 노래〉, 〈Two Steps Behind〉, 〈그러나 경기는 평화를 노래하고〉가 세상에 나왔다. 곡목을 읽는 것만으로도 경기도 곳곳을 여행하는 것 같은 제목들이다. 노래를 듣고 노랫말을 찾아 읽다 보면 자연스럽게 경기도 곳곳을 더 깊이 알게 된다.

음반을 위해 최경윤, 장현숙, 유영하, 홍동현, 정수자, 문혜주, 이바오, 박봉학, 구민상, 이석진, 박혜순, 최치선, 김형진, 이상진 등의 아티스트들이 작사와 작곡, 편곡을 맡았다. 파주의 노래인

〈우리는 파주랍니다〉는 지역 내에서 작사를 공모했고, 수원의 노래인 〈화성 가는 길〉은 지역 시인이 작시를 맡았다. 이 이름들은 서울 밖 동네에도 얼마나 많은 예술가가 있는지 확인시켜준다. 그리고 그 이름을 몰랐던 우리의 좁은 시선을 툭툭 건드린다. 자신이 모른다는 것조차 모르는 현실은 더 부끄럽다. 영화 〈곡성〉의 명대사처럼 '뭣이 중헌지도' 모르는 채 살아가는 현실이다.

열여덟 곡의 음악은 제목만큼, 각 지역만큼 다르다. 민회빈 강씨를 노래한 〈달과 바람에 실어〉는 한국 전통음악의 악기를 활용해 애절함을 더했고, 〈같이 걸을까〉는 '어쿠스틱 팝'의 어법으로 노래하며 지금의 젊은 세대를 남한산성으로 이끈다. 경쾌한 색소폰 연주와 리듬감이 돋보이는 〈동구릉에서〉는 상큼함이 넘친다. 이 음악을 흥얼거리며 훌쩍 동구릉으로 향하고 싶어지는 음악이다. 〈다시 꿈꾸는 조강〉은 강과 바다를 삶으로 연결하는 담담하고 서정적인 시선이 깊다. 음반의 깊이와 무게를 더해주는 좋은 곡이다. 〈동두천 City Pop〉은 복고적인 스타일을 더해 음반을 감각적으로 부풀린다. 트렌디한 곡 덕분에 음반의 생동감이 배가된다. 〈화성 가는 길〉은 피아노 연주에 실은 보컬의 간절함이 조화롭다. 〈아침저녁으로 부르는 노래—호조벌에서〉는 땅은 믿음이요, 땅은 생명이라는 신념이 편안하게 다가온다. 동네를 알리는 데 그치지 않고 세상의 이치까지 설파하는 노래는 지금 이곳의 노래를 불러야 할 이유를 웅변한다. 반면 〈유양팔경〉은 흥겨운 트로트 리듬으로 양주의 아름다움을 흐드러지게 노래한다. 〈내 사랑 연천 아리랑〉의 트로트 가락도 오래도록 동네를 지켜온 이들의 사랑과 그리움을 대변한다. 젊은 세대부터 장년, 노년 세대까지 고르게 들을 수 있을 만큼 장르의 품이 넓은 음반이다.

어떤 곡은 감상하며 듣고 어떤 곡은 흥겹게 따라 부를 수 있어 다채롭다. 〈처인성 연가〉는 슬로우 비트의 록킹한 곡으로 호국기상이 뜨겁다. 〈우리는 파주랍니다〉는 애향심이 뚝뚝 떨어지고, 〈평택은 들이다〉는 싱싱한 여운이 감돈다. 평택의 들과 우리를 연결하는 표현도 재치 넘친다. 〈금수정에 올라〉는 금수정에 묻은 추억을 해맑은 목소리로 호출한다. 〈도미 아리아〉는 하남의 오래된 역사를 굳세게 불러내는 개성이 돋보인다.

이렇게 새로운 경기도의 노래, 경기도 곳곳의 노래가 완성되었다. 노래가 경기도 곳곳으로 바람처럼 단비처럼 흘러가기를. 노래는 삶으로 이어지고 지역을 북돋을 것이다. 지금 여기의 노래는 바로 지금 이곳에 사는 모든 우리를 위한 노래, 우리들 자신의 노래이기 때문이다. 드문 일, 그러나 누군가 꼭 해야 할 일을 한 모든 이들에게 박수를 보낸다.

서로 손잡는 지역문화운동

초판 1쇄 발행 • 2020년 4월 10일

엮은이 • 경기도문화원연합회
기   획 • 최영주, 오다예
펴낸이 • 황규관

펴낸곳 • 도서출판 삶창
출판등록 • 2010년 11월 30일   제2010-000168호
주소 • 04149 서울시 마포구 대흥로 84-6, 302호
전화 • 02-848-3097
팩스 • 02-848-3094

디자인 • 정하연
종이 • 대현지류
인쇄제책 • 스크린그래픽

ⓒ 고영직 외, 2020
ISBN 978-89-6655-118-7 03300